PLATFORMA PËR SHQIPËRI TË BASHKUAR

TAHIR VELIU

Tiranë
2016

Autori: Tahir VELIU

Facebook.com/TahirVeliu.LSHB

www.tahirveliu.com

tahirveliu@icloud.com

ISBN: 978-0-9948098-0-3 *Hardcover*

ISBN: 978-0-9948098-2-7 *Paperback*

ISBN: 978-0-9948098-1-0 *Electronic Book*

Viti i botimit: 2016

Shqipëria e Bashkuar

www.shqiperiaebashkuar.al

Konsulent: Frashër RACAJ

Korrektor gjuhësor: Ilir ADEMI

Shqipëria e Bashkuar do të bëhet,
besa besë do të bëhet,
përndryshe do të zhbëhemi ne!

TAHIR VELIU

DEDIKIMI

Ky libër i dedikohet arkitektit të Shqipërisë Etnike, Hasan Prishtinës. Një diplomat i rrallë i kombit shqiptar, i cili shkriu tërë pasurinë, për të bërë Shqipërinë-SHQIPËRI.

Hasan Prishtina ishte një strateg dhe politikan i pashëmbullt, i sakrificës, ideolog i shquar, udhëheqës i kryengritjeve për çlirimin dhe bashkimin e trojeve shqiptare. Hasan Prishtina edhe sot e kësaj dite mbetet një ndër personalitetet më të ndritura të Lëvizjes Kombëtare.

Familja e Hasan Prishtinës ishte nga Polaci i Drenicës e cila ishte shpërngulur në fshatin Mikushnicë tek fisi Mangjollë, të cilët janë degë e vëllazërisë Veliu. Muhamet Pirraku, hulumtuesi i gjenealogjisë së Hasan Prishtinës, shprehet kështu: "E kam shënuar Kujtesën historike në Drenicë e në të gjitha viset e Kosovës, në Shkup, Tiranë e në Shkodër. Dhe si në burime, ashtu edhe në kujtesën historike se Hasan Prishtina, rrjedh nga Vëllazëria stërgjyshore Veliu e Polacit të Drenicës."[1] Hasan Prishtina në vitet 1908-1912 ishte ndër nismëtarët për organizimin e Kryengritjes së Përgjithshme të Armatosur në Shqipëri dhe përpjekjet e tij për shkollën shqipe përbënin një krah të luftës së përgjithshme për lirinë kombëtare shqiptare. Në 1919, si kryetar i delegacionit në Konferencën e Paqes në Paris ai kërkoi bashkimin e Kosovës e të viseve të tjera shqiptare në shtetin kombëtar shqiptar.

Ishte veprimtaria e tij vetmohuese atdhetare, politike dhe luftarake që përgatiti ngritjen e flamurit në Vlorë dhe shpalljen e pavarësisë së Shqipërisë Etnike, me kufijtë e saj natyror dhe historik.

---

[1] Prof. Dr. Muhamet Pirraku, "Hasan Prishtina, vlerë sublime e kombit", Prishtinë, 2013

"Luftën dhc kundërshtimin ndaj coptimit do l'a ndaloj velëm kur të çlirohet dhe bashkohet kombi im!"

HASAN PRISHTINA

PËRMBAJTJA

SHTOJCË

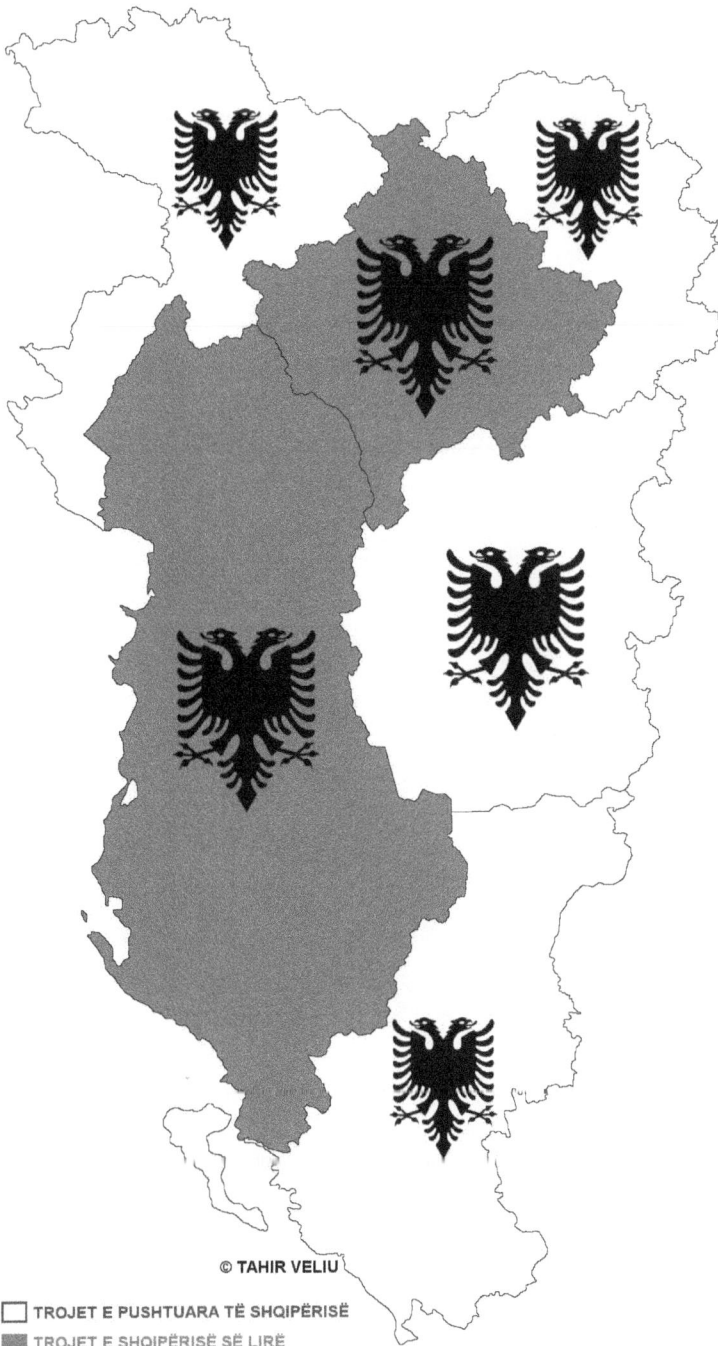

© TAHIR VELIU

☐ TROJET E PUSHTUARA TË SHQIPËRISË
▨ TROJET E SHQIPËRISË SË LIRË

CONTENTS

APPENDIX

PARATHËNIE

"Platforma për Shqipëri të Bashkuar" me autor Tahir Veliu, ideator i Lëvizjes për Shqipëri të Bashkuar, përmban në thelb, fazat e çlirimit dhe bashkimit të trojeve shqiptare në një shtet të vetëm kombëtar shqiptar - Shqipëri e Bashkuar.

Libri, poashtu argumenton idenë së Shqipëria e Bashkuar nuk është vetëm dëshirë dhe aspiratë, por është një proces i pashmangshëm, që mbështetet në vullnetin e popullit shqiptar autokton për të jetuar i lirë, i pavarur, sovran, dhe i bashkuar brenda kufijve të vet natyror, historik dhe juridik. Shqipëria e Bashkuar në Europë të Bashkuar. "Platforma për Shqipëri të Bashkuar" parasheh bashkimin e trojeve shqiptare, në modelin klasik dhe mohon fuqimisht idenë e bashkimit ose integrimit të shqiptarëve në Bashkimin Europian para formimit të shtetit kombëtar të shqiptarëve - Shqipërisë së Bashkuar.

"Platforma për Shqipëri të Bashkuar" bazohet në Kushtetutën e Republikës së Shqipërisë, e cila është miratuar me Referendum Popullor dhe është pranuar nga ekspertët ndërkombëtarë të Komisionit të Venecies dhe ekspertët e NATO-s, në "Platformën për zgjidhjen e çështjes kombëtare shqiptare" të Akademisë së Shkencave të Shqipërisë (1998), në të drejtën e ligjshme dhe të patjetërsueshme të kombeve për të jetuar të lirë dhe te bashkuar, në përputhje me të drejtën e kombeve për vetëvendosje dhe dekolonizim. Platforma për Shqipëri të Bashkuar mbështetet në Programin Politik të Lidhjes Shqiptare të Prizrenit, në aktin juridik të 28 Nëntorit 1912 të Kuvendit të Vlorës, të shpalljes së Pavarësisë së

Shqipërisë nga përfaqësuesit e katër krahinave (vilajeteve) shqiptare dhe në betimin e tri Ushtrive Çlirimtare (Ushtrisë Çlirimtare të Kosovës, Ushtrisë Çlirimtare të Preshevës, Medvegjës dhe Bujanocit dhe Ushtrisë Çlirimtare Kombëtare) të cilat në tekstin e betimit të luftëtarëve të tyre e kishin sanksionuar çlirimin dhe bashkimin e tokave shqiptare me trungun amë Shqipërinë.

"Platforma për Shqipëri të Bashkuar" në mënyrë mjaft të qartë përcakton dhe shtron për zgjidhje çështjen shqiptare si domosdoshmëri dhe si aspiratë legjitime, duke parë gjendjen e shqiptarëve autoktonë në trojet e tyre nën pushtimin e fqinjëve në një   gjendje të trajtimit si robër të luftës, pa të drejta kombëtare dhe liri të shprehjes së mendimit të lirë, pa të drejtë të mësimit të mirëfilltë të gjuhës, kulturës dhe historisë kombëtare, pa të drejtë të përdorimit të simboleve kombëtare dhe më tendencë të tjetërsimit të popullit autokton shqiptar, tjetërsimit të territorit shqiptar të pushtuar me kolonë, të trajtuar si plaçkë të luftës, pa zhvillim ekonomik me tendencë shpërnguljen dhe asimilimin. Sipas autorit, rrjedhimisht, kjo situatë është e papranueshme për çdo shqiptar dhe nuk i kontribuon paqes dhe stabilitetit në rajon.

"Platforma për Shqipëri të Bashkuar" përcakton qartë mënyrën e trajtimit të çështjes shqiptare në të gjitha hapësirat dhe rrëfen mënyrën e trajtimit, veprimit për zgjedhje të statusit politik të kombit shqiptar si e drejtë legjitime e mbështetur në të gjitha dokumentat ndërkombëtare (Karta e OKB, Akti Final i Helsinkut; Karta e Parisit për Europë të Re), ka mbështetje ligjore dhe të ligjshme të patjetërsueshme të kombeve për të jetuar të lirë dhe të bashkuar, në përputhje me të drejtën e kombeve për vetëvendosje dhe dekolonizim, dhe është në interes të paqës e të stabilitetit jo vetëm në Ballkan, ose Gadishulli Ilirik, por edhe në Europë.

"Platforma për Shqipëri të Bashkuar" trajton çështjen shqiptare në gjashtë pjesë të Shqipërisë, edhe pse të ndara, procesi i bashkimit dhe i integrimit është më se i domosdoshëm për qëndrueshmërinë e rajonit.

"Platforma për Shqipëri të Bashkuar" na ofron vizionin më përmbajtësor të rrugëzgjidhjes së aspiratës shekullore shqiptare për shtet kombëtar në të gjitha të drejtat legjitime që i përcaktojnë të drejtat ndërkombëtare dhe mekanizmat e arritshmërisë për formimin e shtetit kombëtar.

Obligim ynë dhe i këtij brezi të këtij shekulli të ri është dhe mbetet zgjidhja e çështjes kombëtare, pasi edhe pse pavarësia e Kosovës e avancon çështjen kombëtare, ajo nuk e zgjidh atë. Çështja kombëtare kërkon zgjidhje dhe angazhim në Shqipërinë Lindore, në Shqipërin Veri-Lindore, në Shqipërinë Veri-Perëndimore dhe në Shqipërinë Jugore. Ne na duhet të mbesim në vizionin tonë dhe zbatueshmërinë e "Platformës për Shqipëri të Bashkuar" e cila do të elaborohet dhe do të jetësohet nga Lëvizja për Shqipëri të Bashkuar si lëvizje gjithëpopullore. "Platforma për Shqipëri të Bashkuar" e autorit e politikologut Tahir Veliu është dhe do të mbetet libër që artikulon qartësisht vizionin për ribashkimin e Shqipërisë së cunguar dhe duhet të ruhet si refencë për çdo atdhetar shqiptar.

Frashër RACAJ

HYRJE

Përpjekjet e shqiptarëve për liri, pavarësi dhe bashkim kombëtar kanë filluar që nga periudha e Besëlidhjes së Lezhës. Më 2 mars të vitit 1444 u mbajt Besëlidhja e Lezhës, e cila në historinë shqiptare shënon një hap përpara bashkimit politik të trojeve shqiptare në një shtet të përqendruar, me të cilin arrin pikën kulmore tradita shtetërore në mesjetën shqiptare. Sot, ky kuvend merret si shembull i krijimit dhe mbajtjeve të kuvendeve me karakteristika shqiptare demokratike, në të cilat vendosë shumica e pjesëmarrësve dhe udhëhiqen nga një i ri, që respekton mendimet e pleqërisë shqiptare.

Më 10 qershor të vitit 1878 në Prizren shqiptarët thirrën një Kuvend Mbarëkombëtar, i cili synonte bashkimin e Shqipërisë. Pas firmosjes së Marrëveshjes së Shën Stefanit mes Rusisë dhe Turqisë, ku Shqipërisë nuk i'u njoh asnjë e drejtë territoriale, dhe në pritje të Kongresit të Berlinit, i cili me shumë mundësi do t'i hiqte hartës shqiptare krahina të shumta, atdhetarët shqiptarë ideuan këtë mbledhje, ku do të shpallnin ndarjen përfundimtare nga sundimi osman. Kështu, Lidhja Shqiptare e Prizrenit ishte lëvizja e parë shqiptare gjithëkombëtare dhe e organizuar në mënyrë administrative, politike dhe ushtarake që prej kohës së Gjergj Kastriotit. Kështu, Abdyl Frashëri në fjalimin e tij do të shprehej: "Qëllimi i Kuvendit është që t'ua presim hovin armiqve të pashpirt, duke lidhur besën shqiptare dhe duke u betuar që t'i mbrojmë me gjak trojet që na kanë lënë gjyshërit dhe stërgjyshërit tanë". Në Prizren u bashkuan katër krahinat (vilajetet) e Shqipërisë: Shkodrës, Manastirit, Janinës dhe Kosovës. Lidhja Shqiptare e Prizrenit e hartoi programin e parë politik të mbrojtjes së tërësisë territoriale gjithëshqiptare dhe u bë udhërrëfyes dhe motivim për shumë lëvizje dhe atdhetare të asaj kohe. Edhe sot, vazhdon të mbetet frymëzim për bashkimin e Shqipërisë. Nga programi politik i Lidhjes Shqiptare të Prizrenit lindi Rilindja kombëtare, që e projektoi Shpalljen e Pavarësisë së Shqipërisë.

Shpallja e Pavarësisë së Shqipërisë në Vlorë më 28 nëntor 1912 nga përfaqësuesit e të gjitha krahinave shqiptare, i dha fund sundimit shekullor osman duke shënuar një kthesë historike në fatin e Shqipërisë. Kuvendi i Vlorës, që shpalli pavarësinë dhe formoi Qeverinë e Përkohshme si nga përbërja e tij ashtu edhe nga vendimet që mori, kishte një karakter mbarëshqiptar, që shprehu aspiratat shekullore të të gjithë kombit për t'u bashkuar në shtetin e vet kombëtar.

Më 22 mars të vitit 1913 Fuqitë e Mëdha miratuan vendimin e turpshëm dhe arbitrar për copëtimin e Shqipërisë. Ky ishte një vendim i padrejtë. Nga kjo datë më shumë se gjysma e territoreve shqiptare, hynë nën sundimin e shteteve të Ballkanit: Serbia mori 82% territor dhe 55%, popullsi më shumë, Mali i Zi 62% territor me 100% popullsi më shumë, kurse Greqia 68% territor me 67% popullsi më shumë. Qeveria e Përkohshme i kundërshtoi vendimet e Konferencës së Londrës, sepse ato binin ndesh me të drejtën e ligjshme të shqiptarëve, të cilët, siç theksohej në deklaratat e kësaj Qeverie, si "grupimi etnik më kompakt dhe më homogjen në Gadishullin Ballkanik", kishte të drejtë të formonin shtetin e tyre të bashkuar. Pra, shqiptarët nuk e njohën Konferencën e Londrës, shqiptarët njohën vetëm aktin juridik të 28 Nëntorit të vitit 1912 për Shqipëri të Bashkuar, por ende nuk e realizuar.

Konferenca e Ambasadorëve në Londër sipas të "drejtës së kompromisit" shkeli të drejtën e popullit shqiptar për vetëvendosjes, duke i dhënë përparësi projekteve ekspansioniste serbo-greke; projektit pansllavist serb "Nacertanije", i hartuar nga ministri i jashtëm serb Ilija Garashanini në vitin 1844 dhe projektit ekspansionist grek "Megali Idea" ("Megali Idhea" - "Ideja e Madhe"), i hartuar nga kryeministri grek Jani Koleti në vitin 1844.

Ministri i jashtëm anglez Edward Grey, duke folur për caktimin e kufijve të Shqipërisë nga Konferenca e Londrës, deklaronte më 12 gusht në Dhomën e Komunave:

"Unë e di farë mirë se kur gjithçka do të bëhet e njohur, kjo (zgjidhje) në shumë pika do të japë shkas për kritika të mëdha, nga kushdo që e njeh vendin dhe që e gjykon çështjen nga një pikëpamje e ngushtë lokale. Duhet të mos harrohet se gjatë përpjekjeve për të gjetur një zgjidhje të tillë, qëllimi kryesor ka qenë që të ruhej marrëveshja ndërmjet vetë Fuqive të Mëdha dhe, në qoftë se vendimi për Shqipërinë e ka siguruar këtë, atëherë ai e ka bërë punën më të rëndësishme në të mirë të paqes së Europës".

Gjatë Luftës së Parë Botërore, e veçanërisht në punimet e Konferencës së Paqës të Parisit, të viteve 1919-1920 përsëri u shfaq rreziku për copëtimin e mëtejshëm të trojeve shqiptare, prandaj në janar të vitit 1920 u thirr kuvendi mbarëshqiptar, që njihet si Kongresi i Lushnjës, i cili ishte si rezultat i "përfundimit të një marrëveshje të përgjithshme e të gjitha viseve të Shqipërisë", dhe mori për detyrë "forcimin e bashkimit e vëllazërimit ndërmjet shqiptarëve, për të siguruar vetëqeverimin e plotë të Shqipërisë dhe unitetin e gjithë shqiptarëve".[2]

Gjatë Luftës së Dytë Botërore çlirimi i Shqipërisë dhe sovraniteti kombëtar lidheshin ngushtë me zgjidhjen e çështjes kombëtare, si një nga problemet më të vështira të popullit

---

[2] M.Çami; "Lufta e popullit shqiptar për çlirimin kombëtar (përmbledhje dokumentesh), Tiranë, 1976, vëllimi II-të dok.1

shqiptar, të cilët, si një popull i ndarë, synonin që nëpërmjet luftës së përbashkët kundër fashizmit, krahas çlirimit nga sundimi i huaj, të realizonin aspiratën për bashkimin kombëtar në bazë të parimeve të shpallura nga shtetet pjesëmarrëse në koalicionin antifashist. Konferenca e Bujanit ka filluar më 31 dhjetor 1943 dhe ka përfunduar më 2 Janar 1944, në të cilën është nënshkruar një rezolutë, ku Kosovës i njihet e drejta e vetëvendosjes deri në shkëputje dhe realizimi i dëshirës së popullit shqiptar të Kosovës për bashkim me Shqipërinë. Konferenca e Bujanit, kishte për bazë, Kartën e Atlantikut, të formuluar më 14 gusht 1941 nga ana e Fuqive të Mëdha, ku në pikën e tretë thuhej: "Respektohet e drejta e gjithë popujve të zgjedhin formën e qeverisjes dhe sovraniteti e vetëqeverisja t'u kthehet atyre që u është marrë me forcë".

Marrëveshjet ndërkombëtare u hartuan dhe u miratuan mbi shkeljen e së drejtës së vetëvendosjes së popullit shqiptar, duke mos njohur aktin juridik të 28 nëntorit të vitit 1912, prandaj vendimet e tyre janë të paligjshme ndërkombëtarisht dhe duhet të shpallen të tilla nga Asambleja e Përgjithshme e OKB-së, përkatësisht nga Komiteti Special për Dekolonizim (i themeluar në vitin 1962 nga Asambleja e Përgjithshme), sepse çështja shqiptare është çështje koloniale. Në vitin 1990, Asambleja e Përgjithshme shpalli 1990-2000 si Dekadën Ndërkombëtare për Zhdukjen e Kolonializmit dhe miratoi një Plan të Veprimit. Poashtu, në vitin 2001, u shpall Dekada e Dytë Ndërkombëtare për Zhdukjen e Kolonializmit, ndërsa në vitin 2011, u shpall 2011-2020 si Dekada e Tretë Ndërkombëtare për Çrrënjosjen e Kolonializmit, prandaj në kuadër të Dekadës së Tretë, Asambleja e Përgjithshme e OKB-së duhet të shpallë një Konferencë Londër 2, ku duhet të anulohen vendimet e mëparshme antishqiptare dhe duhet njohur e drejta e kombit shqiptar për dekolonizim dhe të drejtën për vetëvendosje të shprehur më 28 nëntor 1912.

Sot, kombi shqiptar është para një momenti historik për jetësimin e shtetit kombëtar - Shqipërisë së Bashkuar. Zgjidhja e drejtë e çështjes koloniale të trojeve shqiptarëve është e arritshme. Shqiptarëve vetëm duhet t'u kthehet ajo që u është marrë. Shqipëria është i vetmi vend që kufizohet me vetveten, prandaj Shqipëria e Bashkuar nuk i hyn në hak askujt, veçse korigjohet një padrejtësi shekullore. Jetësimi i Shqipërisë së Bashkuar në këtë aspekt, do të thotë që kjo pjesë e Europës të mos jetë më fuçi baruti, siç ka qenë që nga padrejtësia e 1913-ës. Shqipëria e Bashkuar nuk është kundër askujt, por është për të mirën e të gjithve. Aspirata e vendeve të rajonit për integrim në Bashkimin Europian, na dikton miqësi me fqinjtë, gjithnjë duke respektuar barazinë e plotë dhe të drejtat e gjithsecilit për vetëvendosje, dhe kurrsesi të gjunjëzuar.

BAZAMENTI I PLATFORMËS

Problemi kolonial i shqiptarëve ende nuk është zgjidhur dhe trojet shqiptare qysh nga viti 1878 dhe deri sot ende trajtohen si plaçkë koloniale e Greqisë, Serbisë, Malit të Zi dhe Maqedonisë. Zgjidhja në tërësi e çështjes koloniale të trojeve shqiptare është e drejtë e ligjshme, dhe zgjidhja e saj nuk bie ndesh me asnjë dokument ndërkombëtar (Karta e OKB, Akti Final i Helsinkut, Karta e Parisit për Europë të Re), por përkundrazi ka mbështetje ligjore nga to dhe është në interes të paqes e të stabilitetit jo vetëm në Ballkan, por edhe në Europë. Atëherë, është e domosdoshme që çështja koloniale e trojeve shqiptare, të shtrohet drejt për zgjidhje dhe të shqyrtohet në tërësinë e saj. Mjetet e duhura për ta imponuar zgjidhjen e kësaj çështjeje do të zgjidhen fill pas kësaj.

Kufijtë që ndajnë sot shqiptarët mbeten kufij koloniale. Shqipëria e Bashkuar nuk është një akt i vetëm, por është proces i pashmangshëm.

Platforma për Shqipëri të Bashkuar përmban në thelb të saj synimin kryesor për zgjidhjen në tërësi të çështjes koloniale të trojeve shqiptare dhe ribashkimin e tyre në një shtet të vetëm kombëtar shqiptar - Shqipëri e Bashkuar, si e vetmja zgjidhje që i sjell paqe, mirëkuptim, prosperitet, zhvillim ekonomik dhe integrim në BE dhe NATO të shteteve të Gadishullit Ilirik.

Përpjekjet e shqiptarëve për liri, pavarësi, çlirim dhe bashkim kombëtar kanë vazhdimësi të pandërprerë historike, duke filluar nga Kuvendi i Lezhës e deri më sot.

Lëvizja për Shqipëri të Bashkuar dhe Platforma për Shqipëri të Bashkuar janë vazhdimësi e përpjekjeve të pandalshme të lidhjeve, lëvizjeve dhe të organizatave të më hershme ilegale dhe legale shqiptare, në periudha të ndryshme historike (1878-2016), që qëllim kryesor dhe përfundimtar ka zgjidhjen në tërësi të problemit kolonial të trojeve shqiptare.

Platforma për Shqipëri të Bashkuar bazohet në:

- Të drejtën e ligjshme dhe të patjetërsueshme të kombeve për të jetuar të lirë dhe të bashkuar, në përputhje me të drejtën e kombeve për vetëvendosje dhe dekolonizim.
- Aktin juridik të 28 Nëntorit 1912 të Kuvendit të Vlorës, të shpalljes së Pavarësisë së Shqipërisë nga përfaqësuesit e katër krahinave (vilajeteve) shqiptare
- Kushtetutën e Republikës së Shqipërisë
- "Platformën për zgjidhjen e çështjes kombëtare shqiptare" të Akademisë së Shkencave të Shqipërisë (1998)
- Kuvendin e Lezhës (1444)
- Programin Politik të Lidhjes Shqiptare të Prizrenit (1878)
- Betimin e tri Ushtrive Çlirimtare (Ushtrisë Çlirimtare të Kosovës, Ushtrisë Çlirimtare për Preshevë Medvegjë dhe Bujanoc, dhe Ushtrisë Çlirimtare Kombëtare) të cilat në tekstin e betimit të luftëtarëve të tyre e kishin sanksionuar çlirimin dhe bashkimin e tokave shqiptare me trungun amë – Shqipërinë.

ÇFARË DO TË THOTË SHQIPËRI E BASHKUAR?

Shqipëria e Bashkuar thjesht do të thotë Shqipëria e aktit juridik të 28 nëntorit 1912-ës, që u shpall e pavarur, por që u copëtua më 13 korrik 1913.

Shqipëria e Bashkuar do të thotë aspiratë shekullore, atdhetarizëm, europianizëm, integritet, sovranitet, mirëqenie, arsimim, aspiratë, vendosmëri, durim, këmbëngulje, qëndresë, besë, besim, besnikëri, betim, komunitet, gatishmëri, ndërgjegje, përgjegjësi, demokraci, zhvillim, jetë, vazhdimësi, ardhmëri, pafundësi, trimëri, burrëri, guxim, mosdorëzim, ideal, dëshirë, synim, parim, qëllim, zgjidhje, vizion, vetëdije, vetëvendosje, largpamësi, plan për organizim, projekt për pajtim, program për veprim dhe për bashkim!

Shqipëria e Bashkuar, përtej të qenit ideali më i lartë i çdo shqiptari, njëherit si koncept paraqet edhe Shqipërinë e vërtetë me kufijtë e saj juridik dhe historik, që garanton stabilitet të përhershëm politik në rajon. Shqipëria e Bashkuar, përveç korigjimit të padrejtësive historike ndaj shqiptarëve, është edhe në interesin politiko-ekonomik për një të ardhme më të mirë për shqiptarët dhe rajonin.

Shqipëria e Bashkuar është projekt europian, në shërbim të paqes, dhe në përputhje të plotë me të gjitha normat dhe parimet e së drejtës ndërkombëtare.

Shqipëria e Bashkuar është antitezë e "Shqipërisë së Madhe", kjo e fundit e shpikur nga shovinistët serbomëdhenj me të vetmin qëllim; mbrojtjen e planit tyre kolonialist dhe gjenocidist të Serbisë së Madhe, si tezë e fabrikuar dhe e projektuar në Beograd për pushtimin dhe shfarosjen e shqiptarëve autoktonë.

PSE PLATFORMA PËR SHQIPËRI TË BASHKUAR?

Duke pasur parasysh se populli shqiptar jeton i ndarë në gjashtë shtete, dhe është i kufizuar arbitrarisht me vetveten, kundër vullnetit tij dhe se Kushtetuta e Republikës së Shqipërisë, si akti më i lartë ligjor e ka të sanksionuar aspiratën shekullore të kombit shqiptar për çlirim dhe bashkim kombëtar, duke u bazuar në Programin Politik të Lidhjes Shqiptare të Prizrenit dhe në aktin juridik të 28 Nëntorit 1912, të Kuvendit të Vlorës të shpalljes së Pavarësisë së Shqipërisë Etnike, me kufijtë e saj historik, natyror dhe legjitim, dhe se të gjitha luftrat e imponuara të kombit shqiptar janë zhvilluar për çlirim nga pushtuesi dhe për bashkim kombëtar. Duke u mbështetur në parimin dhe të drejtën për vetëvendosje, si një e drejtë universale e patjetërsueshme e të gjithë popujve, në të drejtën për dekolonizim, është më së e domosdoshme një Platformë e mirëfilltë kombëtare për të parandaluar tkurrjen e mëtejshme të trojeve shqiptare dhe gjenocidin e heshtur në trojet e pushtuara të Shqipërisë.

Platforma për Shqipëri të Bashkuar parasheh çlirimin dhe ribashkimin e trojeve shqiptare në një shtet të vetëm kombëtar - Shqipëri të Bashkuar, si qëllim kryesor dhe përfundimtar për zgjidhjen në tërësi të çështjes koloniale të trojeve shqiptare.

Procesi i krijimit të shtetit kombëtar shqiptar në Gadishullin Ilirik ende nuk ka përfunduar. Çështja koloniale e trojeve shqiptare duhet shtruar për zgjidhje në tërësinë e saj, dhe kurrsesi nuk do të pranohen zgjidhje të pjesshme të cilat do ta rëndonin edhe më tej çështjen kombëtare. Në kohën kur shqiptarët po rriten si popull, dhe po rrudhen si komb në territoret e tyre, është e domosdoshme shtruarja për zgjidhje e çështjes kombëtare shqiptare, me synim themelor që të bashkohet kombi i ndarë, si projekt demokratik, stabilizues dhe europianist. Është e pakuptimtë që shqiptarëve t'u imponohen kufijtë e vjetër ndarës, në kohën kur Bashkimi Evropian pretendon shkrirjen e këtyre kufijve. Në Europë bashkohen shtetet kombëtare, dhe jo popujt e pushtuar. Europa e Bashkuar nuk mund të realizohet duke u mohuar shqiptarëve të drejtën legjitime për shtet kombëtar, sidomos kur shqiptarët trajtohen si qytetarë të dorës së dytë në Greqi, Serbi, IRJM dhe Mal të Zi.

ÇFARË SYNON PLATFORMA PËR SHQIPËRI TË BASHKUAR?

Të gjithë shqiptarët, pavarësisht se ku banojnë, dëshirojnë ribashkimin sa më parë të trojeve të tyre në një shtet të vetëm shqiptar, ashtu siç e prezantuan në programin e tyre Rilindasit tanë që në brezat e kaluar.

Platforma për Shqipëri të Bashkuar synon bashkimin fizik të trojeve shqiptare në një shtet të vetëm kombëtar shqiptar - Shqipëri të Bashkuar, si qëllim përfundimtar për zgjidhjen në tërësi të çështjes kombëtare shqiptare sipas aktit juridik të 28 Nëntorit 1912.

Platforma për Shqipëri të Bashkuar synon zhbërjen e vendimeve të turpshme dhe arbitrare të Fuqive të Mëdha të datës 22 mars të vitit 1913 për copëtimin e Shqipërisë. Ky ishte një vendim i një kronike të zezë në historinë e kombit shqiptar. 22 marsi i vitit 1913 është pikënisje e të gjitha protestave dhe luftrave të pandërprera të shqiptarëve. Nga kjo datë, më shumë se gjysma e territorit shqiptar hyri nën sundimin e shteteve të Ballkanit: Serbisë, Malit të Zi, Bullgarisë dhe Greqisë. Me copëtimin e katër vilajeteve shqiptare përfituan: Scrbia dhe Mali i Zi 62.500 km², Bullgaria 55.000 km², ndërsa Greqia 30.000 km².

Ky bashkim fizik përbën një rend të ri në Gadishullin Ilirik që i lejon shqiptarët të vendosin për fatet e tyre larg shtrëngesave të imponuara nga pushtuesit e trojeve shqiptare.

KUFIJTË E SHQIPËRISË SË BASHKUAR

Shqipëria e Bashkuar është një territor i caktuar gjeografik dhe historik në hapësirën e Gadishullit Ilirik, i cili ka qenë dhe është edhe sot i banuar me shumicë të kombit shqiptar. Është territor kompakt e homogjen, dhe është atdhe i shqiptarëve, që nga parahistoria dhe antika e deri në ditët tona.

Shqipëria e Bashkuar përfshin territoret e katër Vilajeteve Shqiptare që ekzistonin para, gjatë dhe pas Lidhjes Shqiptare të Prizrenit (1878-1881):
1. Vilajeti i Janinës,
2. Vilajeti i Manastirit,
3. Vilajeti i Kosovës, dhe
4. Vilajeti i Shkodrës

Kufijtë e Shqipërisë së Bashkuar fillojnë tek Tre Gurët e Zinj në Prevezë dhe ngjiten lartë në veri te Molla e Kuqe afër Nishit në Toplicë, kurse mbarojnë te Guri i Kuq i Malësisë së Madhe në veriperëndim. Po këtë Shqipëri, me këto troje dhe me këta kufij shtetëror e shpalli shtet të pavarur dhe sovran Kuvendi Mbarëkombëtar, me Ismail Qemalin në ballë, më 28 Nëntor 1912 në Vlorë. Shqipëria e Bashkuar, ka një sipërfaqe tokësore prej rreth 88.000 km².

Derisa në kohën e sundimit të Perandorisë Turke, Shqipëria ndahej në 4 vilajete ose krahina historike:
1. Vilajeti i Janinës
2. Vilajeti i Manastirit
3. Vilajeti i Kosovës dhe
4. Vilajeti i Shkodrës

Sot, Shqipëria e Bashkuar ndahet në 6 shtete "moderne":

1. Republika e Shqipërisë (Shqipëria Qendrore) – 28. 748 km²

2. Republika e Kosovës (Shqipëria Veriore) – 10.908 km²

3. Shqipëria Lindore nën IRJM – 15.039 km²

4. Shqipëria Veri-Lindore nën Serbi – 6.645 km²

5. Shqipëria Veri-Perëndimore nën Mal të Zi dhe Serbi – 10.986 km²

6. Shqipëria Jugore nën Greqi – 15.674 km²

Nga ky realitet i sotëm del se "vilajetet" shqiptare janë shtuar dhe se Shqipëria e Bashkuar jo vetëm që nuk është bashkuar, por ka shkuar drejt tkurrjes së mëtejshme dhe copëtimit, pra është zvogëluar në territor! Ky është realiteti i sotëm gjeopolitik i Shqipërisë së Bashkuar.

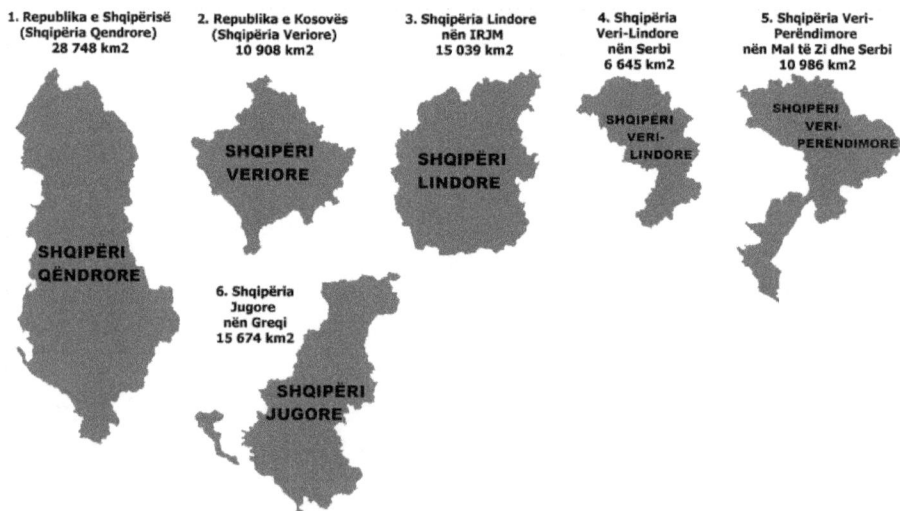

SHQIPËRIA E BASHKUAR
88 000 km2

Por, ajo që e bën edhe më tragjike, edhe më të dhimbshme këtë mozaik gjeopolitik të trojeve etnike shqiptare është qëndrimi indiferent, jo-kombëtar e mosfërfillës i klasës politike shqiptare të këtyre 6 "vilajeteve" mjerane, të cilët kurrë nuk kanë marrë iniciativë të vendosur, të qartë e serioze për zbatimin e vullnetit të shqiptarëve për një Shqipëri të lirë dhe të Bashkuar.

Motoja e rilindasve tanë kombëtarë, "një komb, një shtet", është anashkaluar vazhdimisht nga qendrat e politikës shqiptare anembanë "vilajeteve" moderne të Shqipërisë së Bashkuar! Udhëheqësit dhe pushtetarët shqiptarë ende nuk e kanë një strategji kombëtare, një qëllim, një ideal, një aspiratë, një zgjidhje, një strategji politike dhe një qëndrim të vetëm e të përbashkët zyrtar për shtruarjen dhe zgjidhjen e çështjes koloniale të territoreve shqiptare – çlirimin dhe ribashkimin e trojeve shqiptare në një shtet të vetëm kombëtar - Shqipëri të Bashkuar.

Klasa politike e të gjitha "vilajeteve" moderne shqiptare të Shqipërisë është sjellë e po sillet ndaj çështjes shqiptare me një nihilizëm e përçmim të hapur e të pa shoq, deri në një mohim e injorim të plotë të ekzistimit të saj si një çështje e shtruar për zgjidhje! Ekzistojnë një numër i pambaruar deklaratash e pohimesh kundër ribashkimit kombëtar, duke e cilësuar atë si iluzion, fantazi, të tejkaluar apo si utopi e aventurë të një grupi idealistësh, nacionalistësh apo ekstremistësh shqiptarë që nuk marrin vesh nga politika, duke mos ngurruar që t'i etiketojnë edhe si njerëz me maska, kriminelë dhe terroristë!

Shovenistët fqinjë propagandojnë se Shqipëria e Bashkuar apo siç ata e quajnë "Shqipëria e Madhe" nënkupton pushtimin dhe aneksimin nga ana e shqiptarëve të territoreve të tyre etnike, pra okupimi nga ana jonë e territoreve të huaja. Por, dihet historikisht se të gjitha ato territoreve ku sot banojnë shqiptarët dhe popujt fqinjë, kanë qenë dhe janë territore shqiptare, dhe se këto shtete artificiale janë agresorë, sepse i kanë pushtuar me dhunë territoret shqiptare ku kanë ngritur sot shtetet e tyre. Themelet e shteteve të tyre janë të ngritura në pronë të huaj, mbi troje të tjetërsuara! Edhe pse nën frikë psikologjike nga këto shtete pushtuese, shqiptarët në këto troje ende flasin e frymojnë tej e tej shqip.

KONVENTAT DHE AKTET JURIDIKE E POLITIKE NDËRKOMBËTARE QË MBËSHTESIN SHQIPËRINË E BASHKUAR

Të gjitha këto konventa dhe akte të vetëvendosjes së popujve e garantojnë dhe e mbështesin krijimin e Shqipërisë së Bashkuar:

Në nenin 1, pika 2, të Kartës së Kombeve të Bashkuara[3] shkruhet se një prej objektivave kryesore të Organizatës së Kombeve të Bashkuara është: "Të zhvillojë marrëdhënie miqësore midis kombeve, bazuar në respektimin e të drejtave të barabarta dhe të vetëvendosjes së popujve".

Në aktin më të lartë juridik ndërkombëtar, sikurse është **Karta e Kombeve të Bashkuara**, është sanksionuar Parimi i Vetëvendosjes së Popujve. Parashihet që shteti të përputhet me kombin, ngase kombi është shoqëri natyrore e njerëzve me territor, origjinë, zakone dhe gjuhë të përbashkët, që formojnë një bashkësi jetësore dhe ndërgjegjen sociale.

Asambleja e Përgjithshme e OKB-së i ka kushtuar të drejtës së vetëvendosjes shumë hapësirë në rezolutat e saj. Po i pasqyrojmë vetëm disa nga to:

Rezoluta nr. 637 (VII)[4], e miratuar më 16. 12. 1952, shkruan: "E drejta e vetëvendosjes së popujve dhe të kombeve

---

[3] http://www.dadalos.org/uno_alb/un-charta.htm

është parakusht për respektimin e plotë të të drejtave dhe të lirive të njeriut".

Rezoluta nr. 1514 (XV)[5], ose Rezoluta e Dekolonizimit, e miratuar më 14. 12. 1960, në nenin 1 të saj, shkruan: "Integrimi i një territori etnik duhet të jetë rezultat i shprehjes së vullnetit të lirë të popujve të atij territori".

Rezoluta nr. 1815 (XVII)[6], e miratuar më 18. 12. 1962 (në paragrafin 1, pika e) thotë: "E drejta e vetëvendosjes është një ndër parimet bazë të së drejtës ndërkombëtare, mbi të cilën duhet të mbështetet patjetër edhe politika e bashkëjetesës aktive paqësore".

Rezoluta nr. 1956 (XVIII)[7], e miratuar më 11. 12. 1963, dhe **Rezoluta nr. 2105 (XX)**[8], e miratuar më 20. 12. 1965, e rikonfirmojnë dhe e riafirmojnë Rezolutën e **Dekolonizimit nr. 1514 (XV)**[9], të 14 dhjetorit të vitit 1960, dhe thuhet kështu: "Janë thirrur të gjitha shtetet të sigurojnë ndihmën morale dhe materiale për lëvizjet çlirimtare".

Neni 10 i Rezolutës nr. 2105 (XX)[10], e njeh legjitimitetin e luftës së popujve që janë nën zgjedhën koloniale, me qëllim të ushtrimit të së drejtës së vetëvendosjes dhe të pavarësisë, si dhe i fton të gjitha shtetet që të sigurojnë asistencë morale dhe materiale për të gjitha lëvizjet kombëtare çlirimtare në territoret koloniale.

---

[4] https://daccess-ods.un.org/TMP/598292.425274849.html
[5] http://www.un.org/en/decolonization/declaration.shtml
[6] http://www.un-documents.net/a17r1815.htm
[7] http://www.un.org/en/ga/search/view_doc.asp?symbol=A/RES/1956(XVIII)
[8] http://www.un.org/en/ga/search/view_doc.asp?symbol=A/RES/2105(XX)
[9] http://www.un.org/en/ga/search/view_doc.asp?symbol=A/RES/1514(XV)
[10] https://daccess-ods.un.org/TMP/248290.076851845.html

Rezoluta nr. 2625 (XXV)[11], e miratuar më 24. 10. 1970, në pikën 5 të saj thotë: "Krijimi i shteteve të pavarura e sovrane dhe bashkimi i tyre i lirë me ndonjë shtet tjetër të pavarur varet nga vendimi i miratuar politik i atij populli, që mbështetjen e ka në realizimin e së drejtës së vetëvendosjes. Prandaj, çfarëdo forme tjetër shtetërore që i imponohet me forcë, duke e sjellë kësisoj në pozitë të pabarabartë dhe të varur, përbën shkelje flagrante të vetëvendosjes dhe të të drejtave të barabarta të atij populli".

Në Rezolutën nr. 44/147[12], të Mbledhjes 82 të Asamblesë së Përgjithshme të OKB-së (1989), dhe në **Rezolutën nr. 48/93**[13], të Mbledhjes 85 të Asamblesë së Përgjithshme të OKB-së (1993), thuhet se të gjithë popujt e kanë të drejtën që, lirisht dhe pa ndërhyrje të jashtme, ta përcaktojnë statusin e tyre politik dhe të shkojnë përpara në zhvillimin e tyre ekonomik, social, kulturor. Çdo shtet e ka për detyrë ta respektojë të drejtën e vetëvendosjes në përputhje me përcaktimet e Kartës së Organizatës së Kombeve të Bashkuara (OKB).

Të drejtën e Vetëvendosjes e garantojnë edhe këto dokumente të OSBE-së:

1. Akti Final i Helsinkut (1975)[14],
2. Karta e Parisit për Europë të Re (nëntor 1990)[15], dhe
3. Dokumenti i Kopenhagës (qershor 1990)[16].

---

[11] http://www.un-documents.net/a25r2625.htm
[12] http://www.un.org/en/ga/search/view_doc.asp?symbol=A/RES/44/147
[13] http://www.un.org/en/ga/search/view_doc.asp?symbol=A/RES/48/93
[14] http://www.osce.org/mc/39501?download=true
[15] http://www.osce.org/mc/39516?download=true
[16] http://www.osce.org/odihr/elections/14304?download=true

Këto dhe dokumente tjera të ndryshme ndërkombëtare janë në mbështetje të plotë për realizimin e Shqipërisë së Bashkuar, si vullnet i popullit shqiptar. Që nga përfundimi i Luftës së Dytë Botërore e deri në ditët e sotme të rendit juridik pozitiv ndërkombëtar dhe të së drejtës ndërkombëtare, e drejta e vetëvendosjes, si postulat politik dhe si standard juridik ndërkombëtar, ekskluzivisht është zbatuar ndaj vendeve dhe popujve të kolonizuar të Afrikës, të Azisë dhe të Amerikës Latine, por jo edhe për kombin shqiptar.

PSE SHQIPËRI E BASHKUAR DHE JO "SHQIPËRI E MADHE"?

Shqipëria e Bashkuar është vullneti i shqiptarëve, ndërsa "Shqipëria e Madhe" është shpikje serbo-sllavo-greke.

Shqipëria e Bashkuar është term demokratik, diplomatik dhe i pranueshëm në skenën ndërkombëtare, që nuk diskriminon askënd, por përcakton vullnetin dhe aspiratën shekullore të kombit autokton shqiptar, për një shtet kombëtar.

Pavarësisht, tendenca të shumta të shteteve fqinje (pushtues të trojeve shqiptare) për të barazuar termin Shqipëri e Bashkuar me termin "Shqipëri e Madhe" prapë së prapë nuk kanë kuptim të njëjtë.

Termi Shqipëri e Bashkuar, nënkupton asgjë më shumë apo më pak se sa territoret e banuara historikisht me shqiptarë autoktonë, pasardhës të padiskutueshëm, të vërtetuar shkencëtarisht, të pellazgëve dhe ilirëve. Shqipëria e Bashkuar nënkupton trojet shqiptare të aktit juridik të 28 nëntorit 1912; (Shqipëri administrative, Kosovë, Iliridë nën IRJM, Malësi e Madhe nën Mal të Zi, Kosovë Lindore nën Serbi dhe Çamëri nën Greqi).

Shqiptarët duhet të tregohen të kujdesshëm e mos të përdorin terma të gabuara të armikut, pasi e dëmtojnë çështjen tonë kombëtare përpara opinionit botëror.

Termi "Shqipëri e Madhe", si një term i shpikur në kuzhinat serbo-sllavo-greko-madhe nënkupton zgjerimin territorial të

Shqipërisë ndaj fqinjëve dhe territoreve të tyre pa të drejtë. Prapashtesa "e madhe" nënkupton një territor ku një popull ka pasur shtrirjen, ndikimin apo pushtet mbi të, ose që e ka pushtuar me dhunë dhe e ka mbajtur për një periudhë të caktuar. Termi antishqiptar "Shqipëri e Madhe" përfshin territore pesëfish më të gjëra e më të mëdha sesa shtrirja aktuale e shqiptarëve, duke filluar prej tejlumit Danub e deri në Peloponez e Egje. Ky term "akademik" i sajuar nga qarqet antishqiptare është shpikur për t'u krijuar shqiptarëve pengesa në arritjen e bashkimit kombëtar, pra Shqipërisë së Bashkuar. Termi "Shqipëri e Madhe" është sajesë e Akademisë së Shkencave dhe e Arteve të Serbisë, me seli në Beograd dhe degëve e kuzhinave të saj, Akademisë së Shkencave dhe e Arteve të Maqedonisë (në Shkup), Akademisë së Shkencave dhe e Arteve të Malit të Zi (në Podgoricë) etj. Termi "Shqipëri e Madhe", përdoret vazhdimisht nga pushtuesit e trojeve shqiptare, për të paraqitur shqiptarët si një komb me pretendime territoriale ndaj fqinjëve, edhepse shqiptarët janë i vetmi komb i cili asnjëherë në historinë e tij nuk ka zhvilluar luftëra okupuese, por përkundrazi historikisht ka zhvilluar vetëm luftëra çlirimtare dhe vetëmbrojtëse.

Njëherit, shqiptarët kanë dhënë kontribut të pashembullt për lirinë e popujve ardhacakë fqinjë dhe janë ndër më meritorët në themelimin e shumë shteteve moderne në rajon dhe më gjërë. Kjo siç edhe tashmë dihet, ka qenë njëra ndër të metat më të mëdha të kombit shqiptar, sepse vazhdimisht dha kontribut në shtet ndërtimin e të tjerëve, që më pas u kthyen në pushtues ndaj trojeve të Shqipërisë, madje këtë e bënë, ende pa e përfunduar shtet-ndërtimin e vet.

Bashkimi i shqiptarëve në një shtet të vetëm kombëtar është zgjidhje e vetme e përhershme e çështjes kombëtare shqiptare, që nënkupton bashkimin e të gjitha trojeve shqiptare në një shtet kombëtar shqiptar - Shqipëri të Bashkuar. Një Shqipëri e lirë dhe e bashkuar nuk ka pretendime territoriale ndaj shteteve fqinje, prandaj kurrsesi nuk mund të quhet "Shqipëri e Madhe".

MARRËVESHJET NDËRKOMBËTARE DHE ÇËSHTJA KOLONIALE E TROJEVE SHQIPTARE

Marrëveshjet e deritanishme ndërkombëtare, si: Marrëveshja e Berlinit (1878), Marrëveshja e Londrës (1913), Marrëveshja e Versajës, Marrëveshja Ribentrop-Ciano dhe "Shqipëria e Madhe" (1941), Marrëveshja e Jaltës dhe e Postdamit (1945), Marrëveshja e Dejtonit (1995), Marrëveshja e Rambujesë (1999), Marrëveshja e Kumanovës (1999), Marrëveshja e Konçulit (2001) dhe Marrëveshja e Ohrit (2001), ishin marrëveshje artificiale, të njëanshme, pa pjesëmarrjen e shqiptarëve dhe lirisht mund t'i shpallim inekzistente, sepse në thelb kishin ndërprerjen e një lufte të caktuar dhe ndërtimin e paqes së përkohshme deri te një periudhë e caktuar, por jo zgjidhjen e një çështje apo korigjimin e padrejtësive që shkaktuan ato luftra.

Për të siguruar paqen e stabilitetin e përhershëm në Ballkan, bashkësia ndërkombëtare do të duhet të organizojë një konferencë tjetër ndërkombëtare, e llojit të Konferencës së Londrës, e cila do të korigjonte padrejtësitë e Konferencës së Londrës së 1913, ashtu siç është paraparë nga Platforma për Shqipëri Natyrale e z. Koço Danaj.

Marrëveshjet e deritanishme ndërkombëtare, që kanë qenë në kundërshtim me vullnetin politik të popullit autokton shqiptar lanë pasoja të rënda tragjike për kombin shqiptar dhe tragjedia më e madhe është se ende vazhdojnë të rëndojnë mbi kombin shqiptar.

MJETET DHE METODAT

Platforma për Shqipëri të Bashkuar parasheh përdorimin e të gjitha metodave dhe mjeteve demokratike për realizimin e aspiratës kombëtare për çlirim dhe bashkim kombëtar.

Të gjitha mjetet dhe metodat për çlirim dhe bashkim kombëtar janë demokratike dhe të ligjshme, përfshirë edhe kryengritjen sipas normave dhe konventave ndërkombëtare, të cilat me plotë të drejtë njohin legjitimitetin e luftës së popujve që janë nën zgjedhën koloniale, me qëllim të ushtrimit të së drejtës së vetëvendosjes dhe të pavarësisë.

Rezoluta nr. 1956 (XVIII)[17], e miratuar më 11 dhjetor të vitit 1963, dhe **Rezoluta nr. 2105 (XX)**[18], e miratuar më 20 dhjetor të vitit 1965, e rikonfirmojnë dhe e riafirmojnë **Rezolutën e Dekolonizimit nr. 1514 (XV)**[19], të 14 dhjetorit të vitit 1960, dhe thuhet kështu: "Janë thirrur të gjitha shtetet të sigurojnë ndihmën morale dhe materiale për lëvizjet çlirimtare".

Neni 10 i Rezolutës nr. 2105 (XX)[20], e njeh legjitimitetin e luftës së popujve që janë nën zgjedhën koloniale, me qëllim të ushtrimit të së drejtës së vetëvendosjes dhe të

---

[17] http://www.un.org/en/ga/search/view_doc.asp?symbol=A/RES/1956(XVIII)
[18] https://daccess-ods.un.org/TMP/7982249.85599518.html
[19] http://www.un.org/en/ga/search/view_doc.asp?symbol=A/RES/1514(XV)
[20] http://www.un.org/en/ga/search/view_doc.asp?symbol=A/RES/2105(XX)

pavarësisë, si dhe i fton të gjitha shtetet që të sigurojnë asistencë morale dhe materiale për të gjitha lëvizjet kombëtare çlirimtare në trevat e kolonizuara.

14 PIKAT E PLATFORMËS

1) Platforma për Shqipëri të Bashkuar synon jetësimin e Shqipërisë së Bashkuar, duke u bazuar në aktin juridik të 28 Nëntorit 1912 të Kuvendit të Vlorës, në Kushtetutën e Republikës së Shqipërisë dhe në të drejtën e ligjshme dhe të patjetërsueshme të kombeve për të jetuar të lirë dhe të bashkuar, në përputhje me të drejtën e kombeve për vetëvendosje dhe dekolonizim.

2) Platforma për Shqipëri të Bashkuar synon që Shqipëria e Bashkuar të jetë shtet ligjor, në të cilin respektohet e drejta kombëtare e shqiptarëve për identitet dhe bashkim kombëtar, drejtësia dhe barazia e qytetarëve para ligjit, pa dallim.

3) Platforma për Shqipëri të Bashkuar synon bashkimin e Republikave të Kosovës dhe Shqipërisë, nëpërmjet referendumit demokratik dhe njësimit institucional e shtetëror me forma paqësore.

4) Platforma për Shqipëri të Bashkuar synon krijimin e strategjisë mbarëkombëtare të gjithë spektrit politik për realizimin e qëllimit për Shqipëri të Bashkuar, si synim i të gjitha partive politike dhe lëvizjeve kombëtare, pa përjashtim.

5) Platforma për Shqipëri të Bashkuar synon institucionalizimin e të drejtës së ligjshme të kombit shqiptare për identitet dhe bashkim kombëtar.

6) Shqipëria e Bashkuar para hyrjes në Bashkimin Europian. Ideja e "bashkimit kombëtar" në Bashkimin Europian nuk është realizim i aktit juridik të 28 Nëntorit të vitit 1912 të Kuvendit të Vlorës, por përkundrazi është ide demagogjike dhe mashtruese dhe në kundërshtim me Kushtetutën e Republikës së Shqipërisë.

7) Platforma për Shqipëri të Bashkuar vlerëson se Shqipëria e Bashkuar është premisë themelore për lirinë e vërtetë të shteteve fqinje. Trojet e pushtuara të Shqipërisë për shtetet fqinje janë kult i robërisë së vetvetes. Shtetet që e mbajnë të pushtuara trojet shqiptare nuk janë as vetë të lira.

8) Platforma për Shqipëri të Bashkuar paraqet formen e zhvillimit ekonomik dhe mbron burimet natyrore të prodhimtarisë nga ndikimi i tregut të lirë, e sidomos nga ndikimet negative të fqinjëve tanë. Platforma për Shqipëri të Bashkuar angazhohet për:

- Formimin e tregut gjithëkombëtar
- Zhvillimin e turizimit dhe ruajtjen e Flores dhe Faunes
- Zhvillimin dhe modernizimin e elektro-energjetikës
- Zhvillimin e minierave dhe mineraleve
- Mbrojtjen e prodhimtarise bujqësore
- Zhvillimin dhe modernizimin e teknologjisë prodhuese

9) Platforma për Shqipëri të Bashkuar vlerëson se jetësimi i Shqipërisë së Bashkuar qëndron mbi çdo gjë. Përmbi fe, ideologji e parti qëndron vetëm Shqipëria e Bashkuar, dhe vullneti hyjnor për të pasur një Shqipëri të Bashkuar, si shtet kombëtar i gjithë shqiptarëve, me një flamur, një gjuhë, një kulturë dhe një komb të bashkuar me tradita të lashta, i kontribon rajonit dhe botës.

10) Shqiptarët e bashkuar përbëjnë Shqipërinë e Bashkuar. Lëvizja për Shqipëri të Bashkuar dhe Platforma për Shqipëri të Bashkuar ofron zgjidhje të çështjes koloniale të territoreve shqiptare. Platforma për Shqipëri të Bashkuar do t'i japë jetë betejës për shtet-komb të shqiptarëve.

11) Shqipëria e Bashkuar pasqyron kombin shqiptar dhe tërësinë territoriale ku banojnë shqiptarët në trojet e tyre të shtrirjës në vijën trashiguese historike që nga lashtësia, dhe objektiv mbetet dekolonizimi dhe shtrirja në hapësirën e ligjshme historike dhe gjeografike. Platforma për Shqipëri të Bashkuar kërkon rikthimin e vendeve të rezervuara në Kuvendin e Republikës së Shqipërisë për të gjitha krahinat shqiptare, sipas aktit juridik të 28 Nëntorit të vitit 1912.

12) Platforma për Shqipëri të Bashkuar synon krijimin e një Fondi të Veçantë për Zonat e Pushtuara të Shqipërisë. Platforma për Shqipëri të Bashkuar vlerëson se siguria kombëtare dhe territoriale e Shqipërisë së Bashkuar është e rrezikuar në zonat e pushtuara të Shqipërisë jashtë kufijve administrativë; Shqipëri Lindore nën IRJM, Shqipëri Veri-Perëndimore nën Mal të Zi dhe Serbi, Shqipëri Veri-Lindore nën Serbi dhe Shqipëri Jugore nën Greqi. Këto zona duhet të shpallen zona të rrezikuara dhe të përdoret një politikë e qartë kombëtare për mbrojtjen dhe zhvillimin e tyre ekonomik. Të gjithë shqiptarët që jetojnë në këto zona të rrezikuara, duhet të përfitojnë ekonomikisht nga shteti i përbashkët shqiptar, përmes kontributit të një shume vjetore. Gjithashtu, nën mbrojtjen e zonave të rrezikuara është thelbësor krijimi i një pakete që do të sigurojë kushte të veçanta për arsimimin e tyre, duke siguruar grante të posaçme për shkollat shqiptare, lehtësim financiar për mundësitë

arsimore të nivelit të lartë në universitete shtetërore, por kushtet duhet që të përcaktohen qartësisht, se pas përfundimit të tyre, ata janë të detyruar të jetojnë dhe punojnë në zonat e rrezikuara për një periudhë të caktuar kohore. Kështu, lehtësimet ekonomike do të jenë të investime të justifikuara ndaj shtetit.

13) Platforma për Shqipëri të Bashkuar e vlerëson rëndësinë e veçantë të mërgatës shqiptare dhe angazhohet të krijojë kushte dhe lehtësira për investimet e tyre në atdhe, për mbrojtjen e të drejtave të tyre kudo që ata jetojnë, punojnë dhe veprojnë. Çdo shqiptar jashtë trojeve shqiptare është ambasador i Shqipërisë së Bashkuar. Çdo bashkëatdhetar apo të huaj që e takon, edukoje për historinë e kombit shqiptar dhe të drejtën e pakontestueshme legjitime për Shqipëri të Bashkuar. Kudo që ndodhesh në botë, ti je misionar i Shqipërisë së Bashkuar.

14) Platforma për Shqipëri të Bashkuar angazhohet që të gjithë personat me origjinë apo etni shqiptare, kanë të drejtë të fitojnë shtetësinë e Republikës së Shqipërisë nëpërmjet një procedure të thjeshtuar, duke bërë një deklaratë me shkrim, duke paraqitur prova të lidhjes të kulturës shqiptare dhe duke bërë një kontribut të arsyeshëm financiar, që do të kalonte një buxhet të veçantë për moderinizimin e Forcave të Armatosura. Të gjithë shqiptarët që jetojnë jashtë vendit kanë të drejtë në shtetësinë e Republikës së Shqipërisë, pa hequr dorë nga shtetësia e tyre aktuale.

SHQIPËRIA E BASHKUAR, SI E DREJTË E PAKONTESTUESHME

Shqipëria e Bashkuar është projekt europian, në shërbim të paqes, dhe në përputhje të plotë me të gjitha normat dhe parimet e së drejtës ndërkombëtare. Jetësimi i Shqipërisë së Bashkuar, si proces i pandalshëm dhe si e drejtë historike dhe legjitime e pakontestueshme e kombit shqiptar, nuk përbën rrezik, por përkundrazi e shpëton Gadishullin Ilirik nga gjakderdhjet tjera.

Kushtetuta e Republikës së Shqipërisë, e miratuar me referendum popullor (22.11.1998) dhe e pakontestuar nga bashkësia ndërkombëtare, e njeh kërkesën e kombit shqiptar si të ligjshme dhe i jep mbështetje juridike: *"me aspiratën shekullore të popullit shqiptar për identitetin dhe bashkimin kombëtar, me bindjen e thellë se drejtësia, paqja, harmonia dhe bashkëpunimi ndërmjet kombeve janë ndër vlerat më të larta të njerëzimit, vendosim këtë Kushtetutë"*[21]. Gjithashtu, Republika e Shqipërisë është ligjërisht e obliguar të mbrojë shqiptarët që aktualisht gjenden jashtë terrritorit të saj administrativ, pra trojet e pushtuara, në Nenin 8, pika 1., thuhet: *"1. Republika e Shqipërisë mbron të drejtat kombëtare të popullit shqiptar që jeton jashtë kufijve të saj."*[22] Çdo tendencë e faktorit të brendshëm për t'i ikur obligimeve

---

[21] http://www.mod.gov.al/images/akteligjore/kushtetuta/1.pdf
[22] http://www.mod.gov.al/images/akteligjore/kushtetuta/1.pdf

kushtetuese është anti-kushtetuese dhe në kundërshtim të plotë me vullnetin e kombit shqiptar.

Bashkimi i shqiptarëve në një shtet kombëtar nuk mund të argumentohet si çështje force, por si e drejtë e pamohueshme, sepse është në përputhje të plotë me normat dhe parimet e së drejtës ndërkombëtare. Sipas parimeve të barazisë dhe të vetëvendosjes së popujve, të përcaktuara me Kartën e Kombeve të Bashkuara, e drejta e vetëvendosjes, është përkufizuar në këtë mënyrë: *"Të gjithë popujt dhe vendet e kolonizuara gëzojnë të drejtën, që lirisht, pa përzierjen nga jashtë, të përcaktojnë statusin e tyre politik, si dhe zhvillimin ekonomik, kulturor dhe shoqëror, dhe secili shtet e ka për detyrë që të respektojë këtë të drejtë në përputhje me dispozitat e Kartës së Kombeve të Bashkuara."[23]*

Simboli i vetëdijes dhe qëndresës kombëtare shqiptare, Ukshin Hoti në një letër nga gjyqi është shprehur kështu: *"Populli shqiptar duhet bashkuar. Këtë e dijnë të gjithë dhe askush më nuk e konteston. Ai duhet të bashkohet për shkak se është i njësuar në planin shpirtëror: e ka një gjuhë, një kulturë dhe një histori. Për shkak se është një popull i vjetër europian i Ballkanit, i cili që herët e ka demonstruar pjekurinë e vet shtetformuese; për shkak se gjithashtu që herët e ka arritur nivelin e duhur të vetëdijes politike për veten, për vendin dhe për interesat e veta në rajon, dhe për shkak se e ka dëshmuar në mënyrë të lavdishme dobishmërinë e vet në të gjitha planet e bashkësisë europiane të popujve. Ai duhet të bashkohet edhe për shkak se e drejta për vetëvendosje është njëra ndër arritjet qënësore të qytetërimit europian, e drejtë të cilën vetë ajo e ka proklamuar dhe e cila më asnjë populli në Europë nuk mund t'i refuzohet a t'i mohohet. Popullit shqiptar i duhet një gjë e tillë*

---

[23] W. Ofuatey-Kodoje, Self-Determination in United Nations Legal Order, Cambridge,1995, f.349

që të mund të zhvillohet vetë më tej për ta arritur nivelin e
përgjithshëm të kësaj bashkësie."[24]

Zgjidhja e drejtë e çështjes koloniale të trojeve shqiptarëve
është e arritshme, pra shqiptarëve vetëm duhet t'u kthehet ajo
që u është marrë. Shqipëria është i vetmi vend që kufizohet me
vetveten, prandaj bashkimi i trojeve shqiptare nuk i hyn në hak
askujt, veçse korigjohet një padrejtësi shekullore. Jetësimi i
Shqipërisë së Bashkuar në këtë aspekt, do të thotë që kjo pjesë e
Europës të mos jetë më fuçi baruti, siç ka qenë që nga
padrejtësia e 1913-ës. Shqipëria e Bashkuar nuk është kundër
askujt, por është për të mirën e të gjithve. Aspirata e vendeve të
rajonit për integrim në Bashkimin Europian, na dikton miqësi
me fqinjtë, gjithnjë duke respektuar barazinë e plotë dhe të
drejtat e gjithsecilit për vetëvendosje, dhe kurrsesi të
gjunjëzuar, siç po vepron politika e sotme shqiptare dhe disa
agjentë të saj antishqiptarë.

---

[24] Ukshin Hoti, Filozofia politike e çështjes shqiptare, Rozafa, Tiranë, 1995

SHQIPËRIA E BASHKUAR NË EUROPË TË BASHKUAR

Bashkimi Europian me gjithë përçarjet e brendshme është bashkuar, që të bëjë presion ndaj shqiptarëve, për të pranuar këtë gjendje aktuale dhe njëherit ta konsiderojnë çështjen kombëtare shqiptare si çështje të mbyllur, prandaj për këtë përdoret formula e integrimit të rajonit në Bashkimin Europian, ku kufijtë "nuk" do të kenë rëndësi, dhe ku gjuha e nacionalizmit dhe vetëvendosjes konsiderohet si e "kapërcyer" në letër. Kësaj strategjie antishqiptare, padyshim që po i shërbejnë edhe elita politike e tërë trojeve shqiptare, të cilët për interesa të ngushta personale dhe klanore, po shesin interesat kombëtare. Për ta vlenë vetëm kjo thënie e të madhit Hasan Prishtina: *"Para së gjithash, ruhuni nga mallkimi i historisë dhe mos e harroni atë kur të jepni mendimin tuaj"*[25].

Teza e politikës zyrtare e dy shteteve shqiptare për kinse bashkim të shqiptarëve në kuadër të Bashkimit Europian, nuk është gjë tjetër veçse mashtrim i radhës. Shqipëria e Bashkuar forcon Bashkimin Europian, ashtu siç e ka forcuar bashkimi i gjermanve, dhe kurrsesi integrimi në BE nuk mund të jetë kompensim për mosbashkimin e shqiptarëve. Nese nuk hyjmë në BE si një shtet i bashkuar kombëtar, atëherë hyrja si komb i ndarë në gjashtë pjesë, rrezikon vazhdimin e asimilimit dhe

---

[25] Hasan Prishtina: Nji shkurtim kujtimesh mbi kryengritjen shqyptare të vjetit 1912 — Shkodër, Shtypshkronja françeskane 1921

diskriminimit të shqiptarëve jashtë Shqipërisë administrative dhe rrjedhimisht do të vazhdojë edhe tkurrja e mëtejshme e hapësirës së trojeve shqiptare. Integrimi i shqiptarëve të ndarë, kështu siç jemi sot paraqet rrezik për Bashkimin Europian, ndërsa integrimi i shqiptarëve të bashkuar në një shtet kombëtar - Shqipëri të Bashkuar i kontribuon paqes dhe stabilititetit të përhershëm rajonal dhe u jep kuptim integrimeve europiane.

Bashkimi Europian për të mohuar të drejtën e bashkimit të shqiptarëve arsyetohet se kinse në B.E., kombi dhe kufijtë shtetëror nuk kanë peshë! Nëse vërtetë nuk kanë peshë kufijtë shtetëror, pse nuk ndryshohen për të vënë në vend një padrejtësi, që vetë bashkësia ndërkombëtare e ka pranuar se i është bërë kombit shqiptar?

Ideja e "bashkimit kombëtar" në BE nuk është realizim i aspiratave të kombit shqiptar dhe as realizim i aktit juridik të 28 Nëntorit të vitit 1912 të Kuvendit të Vlorës, por përkundrazi është ide moderne demagogjike dhe mashtruese dhe në kundërshtim me Kushtetutën e Republikës së Shqipërisë.

Një "bashkim" i tillë, i ndarë në gjashtë shtete, nuk mund të jetë "bashkim", por përkundrazi ripërsëritje e gabimeve të 1913-ës.

SHQIPËRIA E BASHKUAR ËSHTË OFERTË PËR PAQE

"Bashkimi i Shqiptarëve nuk e kërcënon, as nuk e rrezikon Ballkanin, por përkundrazi e forcon paqen dhe stabilitetin"
- Prof. Dr. Noel Malcolm

Projekti kombëtar shqiptar për Shqipëri të Bashkuar është ofertë paqësore e kombit shqiptar drejtuar fqinjëve tanë shovinistë. Shqipëria e Bashkuar është e kundërta e projekteve gjenocidiste e kriminale të këtyre shteteve zjarrëvënese.

Shqipëria e Bashkuar, nuk cënon as paqen dhe as stabilitetin në rajon e më gjerë, por përkundrazi përbën një garanci më shumë për ruajtjen e tyre dhe siguron zhvillimin e marrëdhënieve të qëndrueshme miqësore midis shteteve të rajonit. Shqipëria e Bashkuar është ofertë që krijon paqe dhe stabilitet të qëndrueshëm për integrime europiane, të kësaj pjese të trazuar të Europës. Shqipëria e Bashkuar është projekt për paqe, që shqiptarët u'a ofrojnë fqinjëve. Shqipëria e Bashkuar, përputhet plotësisht edhe me filozofinë e procesit të Integrimit Europian dhe që i hap udhë integrimeve europiane të shteteve fqinjë dhe çlirimit të tyre nga e kaluara e tyre vrastare.

SHQIPËRIA E BASHKUAR MBI TË GJITHA

Është koha që përfundimisht politikën kombëtare ta komandojnë interesat kombëtare. Pas ftohjes së plotë të emocioneve, do duhej gjetur marrëveshja ndërshqiptare për strategjinë e zgjidhjes së çështjes koloniale të territoreve shqiptare. Është koha kur situata duhen shikuar me arsye, dhe aspirata kombëtare për bashkim të mbisundojë mbi interesat e ngushta partiake e klanore.

Liria kombëtare dhe motori lëvizës, për një Shqipëri të lirë dhe të bashkuar, qëndron përtej kufijve që i mban shqiptarët të ndarë e të përçarë. Shqipëria e Bashkuar qëndron mbi çdo gjë, dhe ne të cilët e kemi këtë qëllim jemi vetëm shërbëtorë të jetësimit të Shqipërisë së Bashkuar.

Për momentin e tanishëm dhe për të thyer status-quo-në, që e ka kapluar politikën shqiptare në gjitha hapësirat e Shqipërisë së Bashkuar është e domosdoshme një strategji mbi-partiake që të instrumentalizojë synimin për Shqipëri të Bashkuar, si program politik i të gjitha partive dhe lëvizjeve shqiptare, pa përjashtim, sepse rrethanat, ashtu siç janë në dimensionet e veta, nuk mund të qëndrojnë edhe më tutje.

Procesi i pashmangshëm për jetësimin e shtetit kombëtar të shqiptarëve – Shqipërisë së Bashkuar, kërkon unitet politik mbarëkombëtar pa dallim feje, krahine apo ideologjie. Shqipëria e Bashkuar si domosdoshmëri e kohës dhe si alternativa e vetme e realizimit të objektivave kombëtare është e lidhur ngushtë me një organizim të shëndoshë politik mbarëshqiptar. Nevoja e unitetit kombëtar është e domosdoshme për shkak të rrethanave historike në të cilat po jetojmë dhe përgjegjësinë historike të cilën po e bartim mbi supe. Në këto rrethana, kur fati i realizimit të objektivave kombëtare është më i kapshëm se kurrë, tendencat e shërbimeve sekrete sllavo-greke për nxitjen e përçarjeve ndërshqiptare kanë vetëm një qëllim - sabotimin e zgjidhjes së çështjes kombëtare shqiptare.

SHQIPËRIA E BASHKUAR ËSHTË PREMISË THEMELORE PËR LIRINË E VËRTETË TË SHTETEVE FQINJE

Vetëm Shqipëria e Bashkuar, do të jetë garantuese e të gjitha të drejtave kombëtare dhe lirive për shqiptarët, përndryshe të copëtuar siç jemi sot, do të tjetërsohemi nesër.

Thirrjet e vazhdueshme raciste për gjenocid ndaj shqiptarëve si: "Shqiptari i mirë është shqiptari i vdekur", "Vritni, vritni shqiptarët", "Vrit, masakro, që shqiptari të mos ekzisto", tregon për mendësinë e vërtetë të këtyre popujve dhe institucioneve të tyre. "I shikoni ata, i quajnë shqiptarë; Lidhëse këpucësh do të bëjmë me zorrët e tyre" – "Këpucët tona do t'i bëjmë me lëkurën e tyre". Këta janë vargje që ushtarët grekë këndojnë gjatë stërvitjes ditore të tyre. Kjo urrejtje fashiste nuk është e orkestruar vetëm nga një togë renegate, tifozeri huligane apo parti politike e një vendi fqinj, por është e orkestruar nga institucionet shtetërore të gjitha shteteve fqinje të Shqipërisë. Ky kërcënim i një lloj sëmundjeje patologjike të shteteve fqinje, të cilat deri më sot nuk arritën një shkallë të lartë të civilizimit. Gjithë kjo urrejtje gjenocidale ndaj shqiptarëve, është ngulitur në thellësi të politikës shtetërore të shteteve fqijnje, të cilat sa herë që patën rastin edhe e dëshmuan, të kujtojnë vrasjet, dëbimet, masakrat dhe gjenocidin e tyre shekullor ndaj shqiptarëve, atëherë ky është edhe një shkas tjetër për bashkimin e shqiptarëve në një shtet kombëtar.

Sigurisht që shtetet fqinje e kanë institucionalizuar këtë mllef antishqiptar që nga tekstet arsimore, tek trajtimi i nxënësve shqiptarë në shkollat e tyre, tek administrata shtetërore e deri tek ushtria. Këto rrethana e kanë detyruar popullin shqiptar të shikojë edhe njëherë se cilët janë fqinjët e vërtetë të tyre. Urrejtja e shfaqur publikisht është vetëm një pjesë e vogël e dukshme, që ka kapluar gjitha shtetet fqinje, ndërsa pjesa tjetër është ajo e padukshme që paraqet synimet e tyre të përbashkëta për të shfarrosur shqiptarët. Mënyra e vetme për të mposhtur këtë synim të tyre gjenocidal dhe për t'i çliruar shtetet fqinje nga kjo sëmundje është ajo e çlirimit të trojeve shqiptare dhe ribashkimit të tyre në një shtet të vetëm kombëtar shqiptar – Shqipëri e Bashkuar, shtet i cili njëherë e përgjithmonë do të krijonte baraz-peshën e duhur ekonomike politike, e ushtarake për parandalimin e planeve sllavo-greke për shfarosje të shqiptarëve. Megjithatë, shqiptarët e Shqipërisë së Bashkuar do të vazhdojnë t'i trajtojnë fqinjët, pra popullin, jo shtetet dhe agjentët e shteteve fqinjë, me mikpritje, besë, dhe miqësi, siç kanë vepruar përgjatë shekujve.

SHQIPËRIA E BASHKUAR NDALON TKURRJEN E TROJEVE SHQIPTARE

Politika hegjemoniste e shteteve fqinje sllavo-greke (pushtues të trojeve shqiptare), na detyrojnë ne shqiptarëve të jemi të bashkuar në një shtet, për të parandaluar tkurrjen e mëtejme të territoreve tona.

Realizimi i aspiratës sonë kombëtare për bashkim kombëtar është garantuesi i vetëm, që sjell ndryshime të paimagjinueshme pozitive për shqiptarët, si në sferën ekonomike ashtu edhe në atë politike. Bashkimi i shqiptarëve në një shtet të vetëm kombëtar shqiptar - Shqipëri të Bashkuar parandalon ikjet deri sot të pandërprera të trurit të kombit (rinisë shqiptare) drejt shteteve perëndimore. Njëherit, Shqipëria e Bashkuar ofron zhvillim të gjithanshëm ekonomik, liri dhe siguri të përhershme kombëtare, si dhe përtej të gjitha përparësive tjera ekonomiko-politike Shqipëria e Bashkuar është realizim i aktit juridik të 28 Nëntorit 1912 në Vlorë, për një Shqipëri të lirë, të bashkuar dhe të mosvarme. Shqipëria e Bashkuar është një çështje në përputhje të plotë me vullnetin e popullit shqiptar për integrim në Bashkimin Europian, por vetëm pas integrimeve të brendshme, pra bashkimin e të gjitha trojeve shqiptare në një shtet të vetëm kombëtar, si garantues i pamohueshëm i ruajtjes dhe mbrojtjs së identitetit kombëtar dhe hapësirave shqiptare nga fqinjtë tanë fashist.

Shqipëria e Bashkuar është domosdoshmëri, për të parandaluar luftra të tjera nga fqinjtë hegjemonist, që si synim kanë coptëtimin e mëtejmë të trojeve shqiptare dhe shkombëtarizimin e kombit autokton shqiptar. Një Shqipëri e ndarë në gjashtë pjesë me territor dhe popullsi, me Iliridë, Kosovë Lindore, Malësi të Madhe dhe Çamëri nën pushtim të egër të shovenistëve sllavo-grek dhe me orekset e tyre të pandalura për ricoptimin e mëtejshëm të trojeve shqiptare nuk është dhe nuk mund të jetë një vend i preferueshëm për integrim në Bashkimin Europian. Përvoja e deritanishme e territoreve ende të pushtuara dhe të ndara (Maqedoni shqiptare, Kosovë Lindore, Malësi e Madhe dhe Çamëri) dëshmojnë dita ditës se pa çlirimin e tyre të plotë dhe ribashkim me shtetin amë - Shqipërinë nuk ndalet diskriminimi dhe përzënia kolektive e popullit autokton shqiptar. Pra, pa bashkim e trojeve të pushtuara me Shqipërinë administrative nuk ka qetësi në rajon, por vetëm vonesë, deri në ndezjen e ardhshme të luftës tjetër. Çdo pengesë nga faktori politik shqiptar është në kundërshtim të plotë me interesat kombëtare shqiptare dhe përbën rrezik të madh për tkurrjen e mëtejshme të trojeve të pushtuara. Vetëm një Shqipëri e Bashkuar është vend kandidat i pranueshëm për BE dhe më se i domosdoshëm të siguruar stabilitet të përhershëm ekonomik dhe politik në Gadishullin Ilirik. Shqipëria e Bashkuar është obligim historik për të korigjuar padrejtësitë e 1913-ës dhe për të garantuar liritë e 2016-ës të Bashkimit Europian. Politika e deritanishme e Bashkimit Europian kundrejt bashkimit kombëtar të shqiptarëve është në kundërshtim të plotë me interesat afatgjatë të sigurisë në Gadishullin Ilirik, dhe paraqet një vazhdimësi të padrejtësive ndaj një kombit shqiptar. Me fjalë të tjera, pengimi i Shqipërisë së Bashkuar është i papranueshëm, anti-demokratik dhe anti-europian dhe mbi të gjitha anti-njerëzor.

Bashkimi kombëtar në tërësinë e vet autoktone garanton zhvillim të fuqishëm ekonomik. Shpenzimet pamasë në buxhet dhe administratë përgjysmohen në të mirë të buxhetit vjetor. Pagat buxhetore do të jenë më të mira. Të ardhurat nga bizneset e vogla, të mesme dhe të mëdha do të shtohen. Zhvillohet ekonomia, kultura, arsimi, turizmi dhe parandalohen ikjet ilegale drejt Bashkimit Europian. Shqipëria e Bashkuar poashtu ofron përparësi në shfrytëzimet më efikase begative natyrore: deteve, pyjeve dhe pasurive të tjera natyrore. Shqipëria e Bashkuar, gjithashtu do të ofronte një hapësirë më pozitive për diasporën shqiptare që të kthehet dhe të investojë djersën e tyre të derdhur në mërgim. Qytetarët e Shqiperisë së Bashkuar do tu ktheheshin jetës normale, punës ekonomike e kulturore dhe më pak asaj politike. Shqipëria e Bashkuar është e vetmja alternativë e zhvillimit me vizion real, ekonomik, politik, demokratik, social, arsimor, shëndetësor dhe kulturor të kombit shqiptar. Bashkimi i shqiptarëve në një shtet do të kthente optimizmin, zhvillim të fuqishëm ekonomik, mbrojtje dhe siguri kombëtare dhe përspektivë europiane.

Shqipëria e Bashkuar do të shuante çdo konflikt fqinjësor në Gadishullin Ilirik. Apetitet e fqinjëve sllavo-grek për dete, toka, fusha e male shqiptare do të merrnin fund një herë e përgjithmonë. Me realizimin e Shqipërisë së Bashkuar, zhduken oreket hegjemoniste pan-sllaviste për Serbinë e Madhe dhe Megali Idenë për Greqi të Madhe. Përfundimisht, përderisa Bashkimi Europian pengon ribashkimin e kombit shqiptar në një shtet kombëtar, çështja e pazgjidhur shqiptare do të jetë fuçi baroti që do të shpërthejë vazhdimisht deri në zgjidhjen përfundimtare të saj.

NJË KOMB, NJË SHTET, NJË SHQIPËRI

"Jeta është e shkurtër, por e vërteta rron shumë dhe arrin larg."
- Shekspiri

Procesi i jetësimit të Shqipërisë së Bashkuar nuk është gjë tjetër, veçse njësimi i kufirit kombëtar me kufirin shtetëror, nga një komb në disa shtete, në "Një Komb, Një Shtet". Rrjedhimisht, jetësimi i Shqipërisë së Bashkuar nënkupton realizimin edhe të synimeve tjera, si "një komb një flamur", "një komb një qeveri", "një komb një ushtri", "një komb një ekonomi, "një komb një kombëtare", "një komb një qëndrim", "një komb një valutë", "një komb një pasaportë" e kështu më radhë.

Jetësimi i shtetit kombëtar të shqiptarëve kërkon krijimin e një strategjije mbi-partiake që të instrumentalizojë synimin për Shqipëri të Bashkuar, si program politik i të gjitha partive dhe lëvizjeve shqiptare, pa përjashtim.

Partitë politike shqiptare, pa dallim duhet t'a kuptojnë se Shqipëria e Bashkuar, si synim përfundimtar dhe si aspiratë kombëtare është detyrim kushtetues, moral dhe kombëtar. Vija kombëtare për realizimin e Shqipërisë së Bashkuar, nuk lejon gjysëm apo çerek atdhetarizmi. Në çështjen kombëtare, ose je 100% për jetësimin e aspiratës kombëtare për Shqipëri të Bashkuar, ose je kundër saj, zgjidhje të mesme nuk ka. Të gjitha partitë politike shqiptare janë të detyruara t'i shërbejnë interesave kombëtare dhe vullnetit të shumicës, përndryshe ekzistenca e tyre është e padobishme dhe e pakuptimtë. Është koha që politikanët shqiptarë të mendojnë përtej përfitimeve momentale personale e partiake dhe ta lënë kolltukun e tyre të turpit e të vihen në lëvizje për jetësimin e Shqipërisë së Bashkuar.

Nese kjo nuk merret seriozisht apo nuk arrihet, atëherë për të realizuar idenë e Shqipërisë së Bashkuar, në pushtet duhet të vijnë misionarët e jetësimit të Shqipërisë së Bashkuar, që mendojnë dhe veprojnë kombëtarisht.

Shtresa e vetme e shoqërisë që nuk përfiton nga bashkimi i shqiptarëve në një shtet-komb është ajo e skenës politike, e cila Shqipërinë e Bashkuar e sheh si rrezik ndaj posteve të tyre të turpit, për arsye përfitimi personal, partiak dhe klanor. Partitë politike shqiptare aktualisht janë shndërruar në korporata përfituese, të cilat shpërfillin interesat kombëtare të kombit shqiptar.

FAKTORËT QË RREZIKOJNË SHQIPËRINË E BASHKUAR

Faktori kryesor që aktualisht vonon jetësimin e Shqipërisë së Bashkuar janë partitë politike shqiptare, që si synim kryesor në platformën e tyre politike ende nuk e kanë aspiratën kombëtare për një shtet kombëtar shqiptar – Shqipëri të Bashkuar. Udhëheqësia e partive politike shqiptare duke e parë pushtetin dhe karrigen e tyre si diçka të përjetshme paraqesin një pengesë në procesin e pashmangshëm të bërjes së Shqipërisë së Bashkuar. Çdo udhëheqës e ka një periudhë të caktuar kohore, brenda të së cilës mund të japë kontributin e tij në çështje të asaj periudhe, por duhet pasur parasysh se në demokraci nuk ka pushtet të përjetshëm, prandaj politikanët shqiptarë duhet ta kuptojnë këtë, dhe pas një apo dy mandateve duhet t'u hapet rrugë kuadrove të rinj, të cilët sjellin energji të freskët në skenën politike. Poashtu, partitë politike në pushtet aktualisht, kanë arritur një lloj pushtimi të heshtur të një shtrese të caktuar intelektualësh, të cilët janë vënë në mbrojtje të pushtetit, por në kundërshtim me vlerat dhe etikat e caktuara të profesionit të cilit i përkasin.

Klasa politike shqiptare, e cila aktualisht është e çorientuar, tmerrësisht e etur për pushtet dhe servile në raport me bashkësinë ndërkombëtare dhe shtetet fqinje (pushtues të trojeve shqiptare), është pengesë serioze, për jetësimin e Shqipërisë së Bashkuar.

Një ndër faktorët më fatal, që kanë dëmtuar rëndë pozitën e shqiptarëve në trojet e pushtuara të Shqipërisë është përpjestimi i fuqisë politike në dhjetra parti politike shqiptare dhe mos ekzistenca e një koalicioni të përbashkët, që si prioritet do të kishte zgjidhjen e problemeve të shqiptarëve në pjesët ku ata veprojnë. Në një vend, sikurse Shtetet e Bashkuara të Amerikës apo Kanada ka tri, eventualisht katër parti me peshë politike, ndërsa si shëmbull në Shqipërinë Veri-Lindore (Luginë të Preshevës) ekzistojnë mbi dhjetra parti politike shqiptare. Për një hapësirë krahasimisht tepër të vogël me këto shtete, kjo dukuri përbën absurditet që dëmton dukshëm, pozitën e shqiptarëve!

Heshtja e faktorit të brendshëm ndaj padrejtësive historike dhe harresa e gjenocidit të shteteve fqinje ndaj kombit shqiptar, besimi i verbër në klasën politike, mosreagimi qytetar ndaj fyerjeve të vazhdueshme të fqinjëve pushtues dhe shpesh të bashkësisë ndërkombëtare, besimi i tepruar në tezën antishqiptare të bashkimit të shqiptarëve në Bashkimin Europian dhe pajtimi me gjendjen aktuale politike të trojeve shqiptare paraqesin pengesa serioze për stabilitetin dhe mirëqënien afatgjatë të kombit shqiptar.

Mungesa e alternativave për punë dhe siguri jetësore, tranzicioni pa fund si dhe faktorët e ndryshëm socio-ekonomik, rrezikojnë që të rinjtë shqiptarë gradualisht të braktisin vendin, duke ikur në drejtim të vendeve të Bashkimit Evropian. Shpërnguljet nga atdhe dhe trendet e ulëta të lindshmërisë rrezikojnë drejtpërdrejt përqindjen e popullsisë shqiptare në tërësi.

Përpjekjet dhe lufta e shqiptarëve në Kosovë për çlirim dhe ribashkim me Shqipërinë, ishte përpjekje dhe aspiratë për konsolidimin e shtetit-komb të shqiptarëve të shpallur më 28 nëntor 1912, por që ishte mohuar nga Konferenca e Londrës (1913) dhe ajo e Parisit (1919), dhe kurrsesi përpjekje për krijimin e një kombi "kosovar" apo gjuhë "kosovare". Në këtë aspekt, shpallja e pavarësisë së Kosovës më 17 shkurt të vitit 2008, si fazë e përkohshme është në shërbim të synimit përfundimtar për konsolidimin e shtetit kombëtar të shqiptarëve - Shqipërisë së Bashkuar. Tendenca e jugonostalgjikëve pansllavist për shpikjen e kombit "kosovar", "gjuhës kosovare", "flamurit kosovar" etj etj janë vazhdimësi e projektit pansllavist për ndarjen përfundimtare të kombit shqiptar dhe si të tilla, ashtu si edhe më herët edhe tash duhet të hidhen poshtë nga shqiptarët që jetojnë në Kosovë. Tendenca e krijimit të kombit "kosovar" është tendencë për tjetërsimin e shqiptarëve dhe mbi këtë bazë është devijim i aspiratës shekullore për bashkim kombëtar të shqiptarëve, siç edhe është sanksionuar në Kushtetutën e Republikës së Shqipërisë.

Energjia dhe potenciali jonë politik duhet orientuar drejtë, në shërbim të jetësimit të Shqipërisë së Bashkuar dhe përfundimisht, t'i themi ndal investimit të mbrapsht të energjisë dhe potencialit kombëtar, në shërbim të kombeve dhe ideologjive të huaja, që shpeshherë janë në kundërshtim të plotë më interesat kombëtare shqiptare. Prandaj Platforma për Shqipëri të Bashkuar, në jetësimin e shtetit kombëtar shqiptar nuk sheh asnjë vlerë te politikanët dhe personalitetet me origjinë apo kombësi shqiptare që kanë shërbyer në shkallët më të larta të hierarkisë së shteteve të huaja apo atyre që sot u shërbejnë ideologjive të huaja. Platforma për Shqipëri të Bashkuar vlerëson vetëm ata të cilët i shërbejnë kombit shqiptar dhe jetësimit të Shqipërisë së Bashkuar. Është koha t'i thuhet jo shërbimit për shtetet dhe ideologjitë e huaja, dhe ta ndërtojmë shtëpinë tonë: Shqipërinë e Bashkuar. Përderisa, nuk kemi një shtet kombëtar shqiptar; Shqipëri e Bashkuar, atëherë kontributi i shqiptarëve për të tjerët është i keqorientuar.

SHQIPËRIA VERIORE: REPUBLIKA E KOSOVËS

Më 12 qershor 1999, Shqipëria Veriore (Kosova) përfundimisht u çlirua nga pushtuesi serb. Më 17 shkurt 2008, Kuvendi i Kosovës nëpërmjet një deklarate, shpalli Kosovën Shtet të Pavarur dhe Demokratik. Me shpalljen e shtetit të pavarur të Republikës së Kosovës, u krijuan rrethana të reja politike dhe ligjore. Më 22 korrik të vitit 2010 Gjykata Ndërkombëtare dha opinionin këshilldhënës lidhur me ligjshmërinë e shpalljes së pavarësisë së Kosovës. Gjatë fjalës së tij Kryetari i Gjykatës Hiasashi Ovada tha se shpallja e pavarsisë së Kosovës më 17 shkurt të 2008 nuk e ka shkelur të drejtën ndërkombëtare.

Rrethanat politike na diktuan se për të arritur te qëllimi përfundimtar është e domosdoshme të kalohet nëpër disa faza të përkohshme, por që janë në funksion të synimit përfundimtar. Zgjidhja e përkohshme, nuk mund të jetë zgjidhje e përhershme, por duhet të jetë në shërbim të saj.

Qëllimi përfundimtar është jetësimi aktit juridik të 28 Nëntorit për një shtet të vetëm kombëtar shqiptar - Shqipëri e Bashkuar.

Lufta çlirimtare e UÇK-së dhe ndërhyja e NATO larguan përfundimisht Serbinë kolonialiste nga Kosova. Më në fund, Kosova edhe pse ende nuk e ka të njohur tërësisht subjektivitetin e vet shtetëror, sot është një shtet i pavarur i njohur nga shumica e shteteve anëtare të Organizatës së Kombeve të Bashkuara. Në këtë realitet të ri tashmë ndërkombëtar, pavarësia e Kosovës ka rritur nivelin e paqës dhe sigurisë në rajon, përkundër spekulimeve nga qarqet sllave, kësisoj edhe bashkimi i Kosovës me trungun amë – Shqipërinë do ti shërbejë paqes dhe stabilitetit rajonal. Çështja kombëtare shqiptare ende mbetet e pazgjidhur, prandaj shpallja e pavarësisë së Kosovës ishte vetëm një hap përpara, drejt qëllimit përfundimtar.

Bashkimi i Kosovës me Shqipërinë, do të mbyllte përgjithmonë aspiratat dhe pretendimet e Serbisë, të ripushtonte Kosovën. Këtë rrezik e dëshmon edhe Kushtetuta e Serbisë ende në fuqi, ku thuhet se "Kosova është pjesë e pandashme e Serbisë".

Përderisa në Kushtetutën e Serbisë, është sanksionuar një nen i tillë, Republika e Kosovës vazhdimisht rrezikohet nga Serbia kolonialiste dhe hegjemoniste. Për të mos i lënë asgjë rastit, krerët drejtues të Republikës së Shqipërisë dhe të Republikës së Kosovës në bashkërendim me aleatin tonë strategjik Shtetet e Bashkuara të Amerikës, duhet të mundësojnë ndryshimet e nevojshme kushtetuese të Kosovës, që t'i çelë rrugë realizimit të referendumit demokratik për bashkimin e Kosovës me Shqipërinë.

Bashkimi i Kosovës dhe Shqipërisë, si fazë fillestare drejt jetësimit të Shqipërisë së Bashkuar është në përputhje të plotë edhe me integrimet europiane, që në thelb është një bashkim i shteteve të pavarura, të cilat nuk janë të gatshëm të heqin dorë nga sovraniteti i tyre, në funksion të krijimit të një shteti klasik federativ.

Në këtë aspekt, Gjykata Kushtetuese Gjermane dhe Këshilli Kushtetues Francez gjatë trajtimit të çështjes së kushtetutshmërisë së Traktatit të Maastricht-it, kanë nënvizuar si standarde kushtetuese për pranimin e normave juridike të Bashkimit Europian në sistemin e brendshëm, parimin e ruajtjes së identitetit kombëtar dhe kushtetues të këtyre vendeve. Të njëjtin qëndrim ka mbajtur edhe Gjykata Kushtetuese e RSH në vendimin e saj Nr.16, datë 03.06.1998 në lidhje me çështjen e pranimit të normave të së drejtës ndërkombëtare.

Vendosja e sovranitetit të plotë, në tërë territorin e shtetit e përbashkët shqiptar dhe sundimit të ligjit janë ndër shtyllat kryesore për sigurinë dhe mirëqenien e të gjithë qytetarëve të shtetit të përbashkët shqiptar, pa dallim.

Duke pasur parasysh se bashkimi i Kosovës me Shqipërinë do të përgjysmojë shpenzimet në administratë, atëherë ato mjete të mbetura duhet të kalojnë në një Fond të Veçantë për Zonat e Pushtuara të Shqipërisë.

SHQIPËRIA LINDORE: SHQIPTARËT NËN PUSHTIMIN SLLAVO-MAQEDONAS

Marrëveshja e Ohrit, si kompromis i madh i shqiptarëve e shpëtoi IRJM-në nga shpërbërja, ndërsa mos zbatimi i saj nga sllavo-maqedonët e varrosi këtë krijesë artificiale.

Më 13 gusht të 2001 në qytetin e Ohrit në ish-Republikën Jugosllave të Maqedonisë u nënshkrua një marrëveshje që i dha fund luftës të armatosur atje dhe shihej si "garantuesja" e bashkëjetesës ndëretnike ndërmjet shqiptarëve autokton dhe sllavo-maqedonëve ardhacakë.

Marrëveshja është e ndërtuar mbi 5 parimet themelore, të cilat u bashkëshoqëruan me ndryshimet kushtetuese, të cilat konfirmuan shoqërinë shumë-etnike "maqedonase" dhe ku u sanksionua se shqiptarët janë etni shtetformuese.

Marrëveshja kornizë synonte zhvillimin e qetë dhe harmonik të shoqërisë "maqedonase" duke respektuar njëkohësisht identitetin etnik dhe interesat e të gjithë qytetarëve të Maqedonisë. Kjo garantohej përmes përmbajtjes së saj, ku decentralizimi ishte ndër pikat kryesore, pasi siguronte qeverisjen e tyre nga bashkësia më e madhe e popullatës që e përbën.

"Marrëveshja e Ohrit detyron autoritetet e qeverisjes qendrore të garantojnë përfaqësimin e drejtë dhe mosdiskriminimin." E reflektuar në ligj kjo pikë e marrëveshjes kërkonte që në punësimet në administratën publike të sigurohej përfaqësimi i drejtë i bashkësive në të gjitha organet qendrore dhe lokale publike dhe në të gjitha nivelet e punësimit në këto organe.

Përfaqësimi në Gjykatën Kushtetuese kërkohet të bëhet mbi proporcionin e përfaqësimit në Kuvend sipas etnive. Shqiptarëve përmes Marrëveshjes së Ohrit i'u "garantohej" e drejta e përdorimit si gjuhë shqipe, krahas gjuhës sllavo-maqedonase, si dhe përdorimi i simboleve kombëtare.

Marrëveshja e Ohrit ishte një kontratë juridike, kapitujt e të cilës parashihnin afate konkrete kohore për realizimin e tyre. Shqiptarët atje, faktori politik shqiptar, raportet ndërkombëtare, përfaqësuesit e vendeve perëndimore, mediat në mënyrë të vazhdueshme kanë denoncuar se asnjë prej angazhimeve të ndërmarra më parë nuk janë realizuar në tërësi.

Punësimet, përfaqësimi në institucione, pushteti vendor, gjuha dhe simbolet kombëtare dhe aq më pak ndalimi i diskriminit nuk u arritën as në mënyrë të kënaqëshme, prandaj kjo marrëveshje që e degradoj luftën e 2001-es të Ushtrisë Çlirimtare Kombëtare nga synimi për çlirim dhe bashkim kombëtar, në atë për të drejta brenda krijesës artificiale të IRJM-së tashmë edhe zyrtarisht mund të shpallet si Marrëveshje e vdekur, ashtu sikurse edhe vetë shteti artificial i IRJM-së. Faktori politik shqiptar në Shqipëri Lindore nuk ka vizion dhe strategji kombëtare, në mungesë të së cilave faktori politik shqiptar është shndërruar në faktor destruktiv.

Një dekadë pas nënshkrimit të Marrëveshjës së Ohrit, e cila i dha fund luftës ndërmjet Ushtrisë Çlirimtare Kombëtare dhe forcave pushtuese policoro-ushtarake sllavo-maqedonase, IRJM-ja artificiale nuk e ka ndërprerë politikën shtypëse ndaj shqiptarëve autokton dhe ende vazhdon t'i trajtojë shqiptarët si qytetarë të pabarabartë, si pakicë dhe jo si komb shtetëformues, duke u'a mohuar përdorimin zyrtar të gjuhës shqipe, decentralizmin, përfaqësimi i përshtatshëm në institucione shtetërore dhe zgjidhja e statusit të kategorive të luftës së UÇK-së. Dhuna dhe terrori sistematik sllavo-maqedonas ndaj shqiptarëve është politikë shtetërore, kjo tashmë u dëshmua vazhdimisht, sikurse është dëshmuar viteve të fundit me procese dhe raste të montuara ndaj ish ushtarëve të Ushtrisë Çlirimtare Kombëtare.

Zgjidhja e vetme dhe e drejtë e çështjes shqiptare nën pushtimin e IRJM-së artificiale është e drejta për vetëvendosje, çlirim nga pushtimi dhe ribashkim me shtetin amë – Shqipërinë. Çdo zgjidhje tjetër, do të ishte e përkohshme dhe në kundërshtim të plotë me vullnetin politik të shqiptarëve. Ilirida (Shqipëria Lindore), është pjesë e pandashme e Shqipërisë së Bashkuar.

Shqipëria Lindore kërkon një trajtim të veçantë. Investimi i përbashkët gjithëkombëtar, me projekte stimuluese ekonomike do të shpiente në marrjen dhe vendosjen e pushtetit me shumicë shqiptare në IRJM dhe bashkimin e saj me Shqipërinë. Ruajtja e popullsisë nga shpërngulja dhe stimulimi i arsimimit duhet të bëhet përmes projektit investues mbarëkombëtar.

Shteti i përbashkët shqiptar, përmes Fondit Për Zoant e Rrezikuara të Shqipërisë duhet stimuluar rikthimin në identitet dhe origjinë të shqiptarëve ortodoksë nën IRJM, të cilët janë të shumtë në krahinën e Rekës dhe në dy anët e liqenit të Ohrit.

Ndarja e IRJM-së, është një mënyrë tjetër e rikthimit të territoreve shqiptare, por kjo do detyrimisht do të nënkuptonte ndarje në baza etnike, sipas rregjistrimeve aktuale të popullësisë, të cilat janë të manipuluara nga pushteti sllavo-maqedonas dhe kësisoj do të shpiente në humbjen e disa vendbanimeve shqiptare.

SHQIPËRIA VERI-LINDORE: SHQIPTARËT NËN PUSHTIMIN SERB

"Në luftë për liri bien disa trima, por fiton një popull, ndërsa
në robëri vuan një popull e fiton një tirani"
- Mirsad Kuteli

Shqipëria Veri-Lindore është territor me kompaktësi shqiptare, qysh në lashtësi ka qenë pjesë e territorit të Dardanisë. Kosova Lindore padrejtësisht u nda nga Kosova në vitin 1945, qëllimi i kësaj ndarje ishte copëzimi i trungut shqiptar dhe defaktorizimi i tyre, si në aspektin politik dhe kombëtar. Shqipëria Veri-Lindore ka rëndësi të madhe gjeostrategjike dhe gjeopolitike në Gadishullin Ilirik. Serbia pushtuese vazhdimisht ka përdorur dhe ende përdor një politikë shtypëse ndaj shqiptarëve autokton këtu.

Për herë të parë popullata shqiptare e Preshevës, Medvegjës dhe Bujanocit, më 1 dhe 2 mars të vitit 1992 deklaroi publikisht vullnetin e saj politik. Referendumi gjithëshqiptar për këto tri komuna: Preshevë, Medvegjë dhe Bujanoc ofronte opsionet politike për zgjidhjen e statusit të shqiptarëve në këtë trevë shqiptare. Në votime dolën mbi 46.000 votues dhe 98% e popullatës votuan për autonomi territoriale me të drejtë të bashkimit me Kosovën.

Rrethanat e krijuara në Kosovën e pasluftës mundësuan daljen në skenë të Ushtrisë Çlirimtare të Preshevës, Medvegjës dhe Bujanocit. Lufta e UÇPMB-së ndaj pushtuesve serb arriti ndërkombëtarizimin e çështjes shqiptare në këtë hapësirë gjeografike, por mbeti kryengritje e pambaruar.

Copëzimi i votës së shqiptarëve të Preshevës, Medvegjës dhe Bujanocit është tepër i dëmshëm dhe i shërben politikës antishqiptare të Serbisë. Çështja e këtyre tri komunave shqiptare do të mbetet çështja më komplekse në të ardhmen për kombin tonë dhe do të trajtohet në elaboratin e Platformës për Shqipëri të Bashkuar ku do të gjenden format dhe mënyrat për trajtimin e statusit përfundimtar të këtij territori shqiptar në favor të çështjes shqiptare.

Shqipëria Veri-Lindore duhet të këtë vende të rezervuara në Kuvendin e ardhshëm të shtetit të përbashkët shqiptar dhe njëherazi, të jetë pjesë e buxhetit të shtetit shqiptar.

Sanxhaku i Nishit

Shqiptarët deri kah fundi i shekullit XIX ishin në shumicën e qyteteve, qytezave dhe fshatrave të Sanxhakut të Nishit e më gjerë, kryesisht ishin përqendruar në Qarkun e Toplicës (Rrethi i Prokuples, Dobriqit, Kosanicës dhe pjesë të Jabllanicës e të Pustarekës me Kurshumli), Qarkun e Vranjës (pjesë të Rrethit të Pustarekës dhe Jabllanicës, Rrethi i Leskocit, Polanicës,

Gërdelicës, Masurica, Pqinja, Inogosht etj.), si dhe në Qarkun e Nishit, disa edhe në Qarkun e Pirotit. Banorë shqiptarë kishte edhe në Qupri, Paraqin, Uzhic, Krushec, Aleksinc, Kralevë e deri në Beograd. Sanxhaku i Nishit i takonte Vilajetit të Kosovës dhe ishte e banuara me shqiptarë autoktonë.

Serbia ekspansioniste para syve të Fuqive të Mëdha dhe me bekimin e tyre, si dhe me mbështetjen e Rusisë, filloi realizimin e projektit pansllavist serb "Nacertanije", i hartuar nga ministri i jashtëm serb Ilija Garashnini për dëbimin e shqiptarëve nga Sanxhaku i Nishit, për ti çelë rrugë deportimit drejt trojeve të tjera shqiptare. Ky program ishte hartuar në vitin 1844. Serbia, përmes dhunës dhe terrorit të organizuar shtetëror, ushtroi gjenocid dhe spastrim etnik mbi 700 vendbanime shqiptare dhe mbi 300.000 shqiptarë, të cilët asokohe jetonin në trojet e veta etnike, aq sa territori aktual i Kosovës. Më 2 mars 1865 Knjaz Mihajli kishte nxjerrë ligjin për kolonizimin e territoreve të pushtuara.

Spastrimi i dhunshëm i hapësirës etnike shqiptare në mënyrë masive ndodhi pas Kongresit të Berlinit, më 1878, dhe vazhdoi deri me shpalljen e pavarësisë së Shqipërisë më 1912, kur pjesa më e madhe e popullatës shqiptare të Sanxhakut të Nishit dhe rajoni i Toplicës ishte dëbuar nga trojet e veta stërgjyshore. Në pronat e ligjshme të shqiptarëve të dëbuar u vendosën serbët dhe malazezët besnikë ndaj regjimit serb, ndërkohë që popullata e dëbuar shqiptare u vendos kryesisht në territorin e Kosovës së sotme, një pjesë në territorin e Iliridës, ndërsa një pjesë tjetër vazhdoi deri në Bullgari, ku qyteti i Qystendili në janar të vitit 1878 ishte mbushur përplotë refugjatë, në kushte mjerimi; pa bukë, të zbathur dhe të ngrirë, nga dimri i acart i atij viti. Këtë, më së miri e dëshmon mësuesi i asaj kohe Josip H Kostiq: *"... në acar dhe të ftohtë të madh të dimrit të vitit 1877-1878 pashë njerëz duke ikur të zhveshur e të zbathur që kishin braktisur dhomat e veta të ngrohta me përplot mall... Përgjatë rrugës Gërdelicë-Vranjë dhe deri në*

Kumanovë, në të dy anët e rrugës vëreheshin kufomat e fëmijëve, të pleqve e të tjerëve që kishin vdekur nga të ftohtit". Trojet shqiptare përjetuan një tragjedi të madhe dhe ngushtim të hapësirës gjeografike.

Serbia duhet të paditet për këtë gjenocid dhe spastrim etnik në Gjykatën e Hagës, e cila duhet të ju mundësoi banorëve shqiptarë të atyre trevave: njohjen dhe dënimin e gjenocidit shtetëror serb ndaj shqiptarëve autoktonë, të drejtën e kthimit në pronat e tyre shekullore, dëmshpërblim për shfrytësimin e pronave dhe përfundimisht, të njoh të drejtën e ligjshme për dekolonizimin e Shqipërisë Veri-Lindore.

SHQIPËRIA VERI-PERËNDIMORE: SHQIPTARËT NËN PUSHTIMIN MALAZEZ

Shqiptarët nën pushtimin e egër të Malit të Zi janë pjesë e pandashme, natyrore dhe homogjene e kombit shqiptar, që padrejtësisht u nda nga trungu i shtetit amë – Shqipërisë. Kjo, ndarje e padrejtë nga shteti amë shqiptarëve nën pushtimin malazez u kushtoi shumë shtrenjtë, madje edhe sot e kësaj dite pushteti antishqiptar i Malit të Zi në vazhdimësi të plotë me pushtetet e mëparshme jugosllavo-serbo-malazeze vazhdon të rrezikojë qënien kombëtare shqiptare të kësaj treve shqiptare përmes asimilimit, shkombëtarizimit, kolonizimit dhe diskriminimit shtetëror dhe institucional.

Dhuna, presioni dhe diskriminimi i vazhdueshëm malazez ndaj shqiptarëve të kësaj hapësire paraqet një ndër gjenocidet e heshtura në Europë, që si qëllim përfundimtar ka ndryshimin e strukturës etnike dhe kolonizimin e saj me popullsi sllave. Qysh nga koha që kjo trevë shqiptare u pushtua nga shovenistët malazez, me ndihmën e Fuqive të Mëdha dhe Rusisë, populli shqiptar i kësaj treve u përball me dhunë, dënime, burgosje, vuajtje, tortura, vrasje, spastrim etnik dhe gjenocid. Historia e vjetër dhe e re e popullit shqiptar nën sundimin pushtues të hordhive kriminale malazeze është ajo e një populli të shtypur padrejtësisht, për të vetmen arsye se shqiptarët nuk ishin sllav.

Shqiptarët në Mal të Zi asnjëherë nuk janë konsideruar si qytetarë të shtetit malazez por gjithnjë si të huaj. Pushteti kriminal malazez vazhdon të grabisë të gjitha pasuritë natyrore të kësaj treve shqiptare, ndërkohë shqiptarëve u ofron mjerim, varfëri dhe prapambetje të madhe ekonomike me të vetmin qëllim - braktisjen e vendit nga shqiptarët dhe kësisoj në heshtje të arrijë sllavizimin e trojeve të tyre stërgjyshore. Shteti pushtues i Malit të Zi, duke u mohuar shqiptarëve të drejtën e përfaqësimit të barabartë në qeverisje lokale ka shkelur Konventën Ndërkombëtare për të Drejtat Qytetare dhe Politike, Kartës Europiane për të Drejtat e Popujve Etnik, si dhe ligjeve të tjera ndërkombëtare dhe Europiane për mbrojtjen e të drejtave të pakicave. Duke marrë parasysh këto shkelje të të drejtave, Mali i Zi sa më parë duhet të fillojë të respektojë të gjitha të drejtat e garantuara me konventa ndërkombëtare dhe të ndalojë të gjitha politikat diskriminuese ndaj shqiptarëve autoktonë. Mali i Zi pushtues duhet që urgjentisht të njoh të drejtën legjitime, kushtuetuese dhe demokratike për formimin e Komunës së Pavarur me qendër Tuzin, me të gjitha nivelet e pushtetit lokal dhe rikthimin e territorit që kishte kjo komunë. Njëherazi, shteti malazez duhet të ndalojë të gjitha politikat shtetërore të diskriminimit të shqiptarëve. Terrori shtetëror malazez ndaj shqiptarëve autoktonë duhet të ndalohet menjëherë dhe shteti i Malit të Zi duhet që të garantojë të gjitha të drejtave themelore dhe kombëtare; përdorimin e lirshëm të flamurit kombëtar shqiptar, arsimimin në gjuhën shqipe, lejimin e përdorimit të teksteve shkollore nga Shqipëria dhe

Kosova dhe garantimin e mandateve për shqiptarët në nivel lokal dhe shtetëror.

Të njihen të drejtat e shqiptarëve që jetojnë dhe veprojnë në diasporë, si e drejta e votimit, e drejta e organizimit shoqëror, politik dhe ekonomik, të bëhët rajonalizimi i territorit shqiptar me një autonomi ku ruhen vlerat e popullit autoktonë shqiptar deri në zgjidhjen përfundimtare të vetëvendosjes në bazë të parimit të vetëvendosjes për popujt nën kolonializim. Platforma për Shqipëri të Bashkuar nuk e njeh dhe nuk pajtohet me pushtimin e trojeve shqiptare si në Ulqin, Ana Malit, Tivar, Malësi të Madhe, Plavë e Guci dhe Rozhajë e Sanxhak prandaj angazhohet për parapërgaditjen e terrenit për statusin përfundimtar, mbi parimet e vetëvendosjes dhe të drejtës për dekolonizim.

Shqiptarët duhet të faktorizohen me rezistencë aktive ndaj këtij regjimi të egër dhe barbar për të drejta kombëtare duke krijuar një platformë të përbashkët të veprimit për të dalë nga kjo gjendje e paduruesheme e robërisë dhe për të vazhduar rrugën e vetme dhe legjitime për ribashkim me trungun - Shqipërinë.

Sanxhaku i Tregut të Ri

Sanxhakun e Tregut të Ri e përbëjnë këto komuna: Tregu i Ri (Pazari i Ri), Tutini, Senica, Parafusha (Prijepolja), Varoshi i Ri (Nova Varosh), Fushë Bardhi (Bijello Polje), Rozhaja, Plava, Plcme (Plevlje) dhe Berani. Pas vitit 1912 me shpalljen e pavarësisë së Shqipërisë, trojet shqiptare u cunguan. Sikurse shume troje tjera shqiptare, edhe Sanxhaku i Tregut tö Ri mbeti nën pushtimin serb. Pushteti vazhdimisht e ka trajtuar si plaçkë lufte, duke ushtruar dhunë e terror mbi shqiptarët, përmes shpërnguljeve të dhunshme të shqiptarëve autoktonë dhe kolonizimin e këtij territori me serb, autoritetet pushtuese ishin të interesuar të ndryshojnë strukturën etnike të kësaj treve shqiptare. Mungesa e shkollave shqipe, martesat me popullsinë boshnjake, masakrat dhe dëbimet, asimilimi i dhunshëm nga Jugosllavia ndikuan negativisht në këtë trevë shqiptare.

Shqiptarët e Sanxhakut të Tregut të Ri duhen nxitur të mësojnë shqip, të mësojnë historinë e tyre kombëtare, të mos u lëshohen pre e asimilimit dhe përbuzjes së nacionalistëve shovenistë serbë dhe përfundimisht t'i rikthehen rrënjeve shqiptare. Heqja e prapashtesave sllave është një hap pozitiv drejt shkëputjes nga procesi asimilimit dhe rikthimi në identitet.

Statusi i kësaj pjese duhet trajtuar bashkarisht si pjesë e Shqipërisë Veri-Perëndimore dhe t'i njihet e drejta e ligjshme për dekolonizim.

SHQIPËRIA JUGORE: ÇËSHTJA ÇAME - SHQIPTARËT NËN PUSHTIMIN GREK

Straboni dhe Herodoti, duke mos e njohur gjuhën e fiseve fqinje që ndryshonte krejt nga Greqishtja e lashtë, i quajtën banorët në veri të Ambrakisë, Pellazgë ose Barbarë. Për të dalluar Grekët nga kombet e tjera ata përdornin këtë formulë: "Kush nuk është grek, është barbar". Teza e përbashkët që e gjejmë tek Straboni, Ptolemeu, Tukididi është: "Çamëria në lashtësi banohej nga fiset thesprote, mollose, kaone, që nga grekët e lashtë quheshin fise barbare, sepse nuk flisnin greqisht". Në librin "Fjalor i Antikiteteve klasike", tek artikulli për Korkyrën (Korfuzin), vihet në dukje, se ai ishull në zanafillë banohej nga ilirët. Në veprën e studiuesit të njohur suedez Martin P. Nilson, botuar në Londër në 1909, me titull "Studime mbi historinë e Epirit të lashtë", sqarohet më së miri, se Epiri nuk ka qenë ndonjëherë grek, ky rajon ka ruajtur natyrën e vetë ilire të pandryshueshme. Në shekullin e X-të të erës sonë, perandori i Bizantit Leoni i Mençur, në një nga librat e tij përmend faktin që "banorët e Epirit janë shqiptarë".

Diplomati francez, Pukvili (1770-1838), i cilësuar si filogrek shkruan për Pirron dhe Thesprotinë që nuk janë grekë si dhe jep mjaft prova etnografike, arkeologjike për autoktoninë çame (libri "Udhëtime në Greqi" vol. 1 fq. 98). Britaniku Martin Lik në librin "Kërkime në Greqi" botuar në Londër, në 1814, në fq. 257 thotë: "Çamët okupojnë vendin në jug të lumit Kalama (Thiam i vjetër) dhe kam arsyen të besoj, se çamët e kanë nxjerrë emrin e tyre nga një alitenacion i lumit të prapthi. Vendit i thonë Dai, dhe shtrihej deri rrotull fshatrave të Janinës, vendet kryesore të Çamërisë janë: Suli, Paramithia, Margariti, Parga, e Agjija. Enciklopedia e madhe greke, vëllimi 15 fq. 405 provon se, çamët janë banorët e parë të Thesprotisë dhe jep njoftime se emrin çam e kanë marrë prej Thiam (Kalama i sotëm). Nga pikëpamja gjuhësore pranon se dy të tretat e Çamërisë, megjithëse të ndarë në të krishterë dhe myslimanë, flasin shqip, por një shqipe të veçantë. Studiuesit, konsujt dhe udhëtarët e ndryshëm si Pukvil, Lik, Lir, Dozon, Berard etj, që vizituan Shqipërinë në shek. XIX-të konstatuan se populli i Çamërisë, trevë që shtrihej në mes të lumit Kalama, gjirit të Artës e deri në Prevezë, popullohej nga shqiptarët autoktonë.

Pra, Krahina e Epirit ka qenë etnikisht shqiptare që prej kohës antike. Çështja çame lindi me vendimin e Konferencës së Londrës më 1913, e cila e shkëputi këtë trevë shqiptare dhe i'a dha atë Greqisë. Që nga kjo kohë filloi një presion i vazhdueshëm, një politikë sistematike e shtetit grek dhe e forcave të ndryshme ultranacionaliste për shkombëtarizimin e kësaj treve. Në vitin 1913, bandat e Deli Janaqit, të organizuara dhe të përkrahura nga qeveria greke, masakruan dhe vranë te Përroi i Selanit, në Paramithi, 72 burra nga krerët e kësaj krahine. Ky ka qenë fillimi i shfarosjes së shqiptarëve të Çamërisë.

Në vitet 1914-1921, nën pretekstin e çarmatimit të popullsisë shqiptare të Çamërisë nga qeveritarët grekë, u kryen ndjekje, persekutime, tortura dhe grabitje ndaj popullatës. Për këtë qëllim u përdorën të gjitha mënyrat, si tatimet e rënda, grabitja e tokës, përjashtimi i popullsisë nga pjesëmarrja në administratën shtetërore, ndalimi i dhunshëm i arsimit në gjuhën amtare, madje edhe në shkollat fillore, vrasjet, burgimet, dënimi me dhunë deri në masakrat e përgjakshme.

Masakrat dhe plaçkitjet barbare greke, ndaj Çamëve në trojet e tyre, ka ndodhur jo vetëm gjatë Luftërave Ballkanike dhe Luftës së Parë Botërore, por gjatë gjithë shekullit, duke përfshirë Luftën e Dytë Botërore dhe më pas. Nën regjimin e Metaksait (1936-1941), Çamët ishin të ndaluar të përdorin gjuhën e tyre jashtë shtëpisë dhe propaganda fetare dhe antishqiptare ishin në fuqi të plotë.

Gjatë kësaj kohe nënshkruhet marrëveshja greko-turke për shkëmbimin e popullatës muslimane çame dhe popullatës greke, një pjesë e popullatës çame dërgohet në Turqi dhe popullata greke nga Turqia vendoset në pronat çame dhe nga këtu fillon ndryshimi i struktures etnike në Çamëri.

Gjatë Luftës së Dytë Botërore, Çamët u persekutuan në "hakmarrje", për bashkëpunimin e tyre të dyshuar, me fuqitë e Boshtit. Si pasojë e Luftës së Dytë Botërore, persekutimi i vazhdueshëm i Çamëve ka detyruar shumicën e tyre për të ikur në Shqipëri, Turqi, dhe Shtetet e Bashkuara të Amerikës. Ata që mbetën u përballën me praktikat të rënda asimiluese.

Çështja Çame është e regjistruar në dokumentet e Lidhjes së Kombeve, Misionit Britanik Ushtarak, si dhe misione të tjera të ndryshme diplomatike që nga 1913 në 1940 dhe më pas. Historian dhe gazetar, Z. Noel Robert Malcolm thotë, "Fati i shqiptarëve të Çamërisë është një nga sekretet më të errëta të historisë moderne Europiane".

Sipas dokumentave të Departamentit të Shtetit të SHBA-ve, Nr.84/3, të Misionit të Tiranës 1945-46, shkruhet: "Në bazë të gjithë informatave që kam mundur të mbledh mbi Çështjen Çame, në 1944 dhe muajt e parë të 1945, autoritetet në Greqinë perëndimore, kryen masakra brutale duke dëbuar me dhunë më shumë se 25.000 Çamë, banorë të Çamërisë nga shtëpitë e tyre ku kishin jetuar me shekuj dhe i nxorrën jashtë kufirit, mbasi u kishin rrëmbyer tokat dhe pasuritë. Shumica prej atyre të vrarë ishin fëmijë dhe pleq".

Gjenerali famëkeq grek Napoleon Zervas e shkruan me dorën e tij të gjakosur, në letrën që i dërgon më 1953 një ish bashkëpuntori të tij, Jani Danit: "Duhet të ndihemi krenarë se pastruam Çamërinë duke vrarë e dëbuar shqiptarët, të cilët për mbi 500 vjetë qëndruan mbi qafë të helenizimit dhe ju mundësuam malësorëve tanë të zbresin e të jetojnë në fushat pjellore."

Edhe sot e kësaj dite, në trojet e Çamërisë vërehen gjurmët e krimit, pronat që i presin pronarët që të kthehen, toka e gjakosur me gjakun e fëmijve, grave shtatzënë, pleqve e plakave, që me shekuj i mbijetuan robërisë dhe shfarosjes shtetërore të pushtuesit.

Çamëria duhet të trajtohet me një status të veçantë, e neutral ndaj Greqisë si protektorat ndërkombëtar (3 deri 5 vjeçar maksimum), përmes së cilit do të garantohet:
- Rikthimi i popullsisë shqiptare në Çamëri
- Njohja e shtetësisë së dyfishtë
- Rikthimi i pronave
- Kompensimi për përdorimin e pronave
- Njohja e gjenocidit ndaj çamëve
- Organizimi i pushtetit dhe administratës në gjuhën shqipe, si gjuhë zyrtare
- Hapja dhe financimi i shkollimit në gjuhën shqipe, të të gjitha niveleve, dhe parapërgatitja e terrenit për statusin

përfundimtar, mbi parimet e vetëvendosjes dhe të drejtës për dekolonizim.

- Shteti i përbashkët shqiptar, përmes Fondit për Zonat e Rrezikuara duhet të stimulojë rikthimin në identitet dhe origjinë të shqiptarëve ortodoksë në Çamëri, të cilët janë të shumtë në trevën e Prevezës dhe Filatit.

DIASPORA DHE KOLONITË SHQIPTARE

Mërgata shqiptare dhe kolonitë e hershme shqiptare gjatë gjithë historisë kanë dhënë kontribut të pazëvendëshueshëm në përpjekjet e popullit shqiptar për zhvillimin e arsimit e të kulturës shqiptare, ngritjen e vetëdijes kombëtare, çlirimin e atdheut nga robëria, mbrojtjen e tij nga copëtimi dhe bashkimin e Shqipërisë, si dhe në gjitha proceset e tjera me rëndësi.

Krijimi i politikave të përshtatshme me mërgatën shqiptare ka një rëndësi të veçantë për nxitjen e rritjes ekonomike dhe zvogëlimin e shpërpjestimeve makroekonomike. Nëpërmjet zbatimit të politikave të tilla, diaspora do të mund të kontribuonte në mënyrë efikase në ngritjen e kapitalit njerëzor dhe financiar, në rritjen ekonomike dhe në krijimin e vendëve të reja të punës. Sot për sot, barrierat administrative, korrupsioni dhe mungesa e sundimit të ligjit janë pengesa të mëdha për investitorët potencialë të diasporës shqiptare.

Platforma për Shqipëri të Bashkuar do të ketë këto synime për mërgatën:

1) Mësimi i gjuhës shqipe
2) Përfaqësimi politik në institucionet
3) Organizimi i saj në shoqata kulturore
4) Furnizimi me tekste shkollore, revista dhe gazeta
5) Bashkëpunimi ekonomik dhe lidhja e saj me atdheun

MBYLLJE

E VËRTETA është si uji i nxehtë që del nga toka, shkrin
dëborën dhe akujt përreth, i merr me vete dhe shtohet duke
shkuar përpara. Sado që ky ujë mund të ngrijë duke u ftohur
vazhdimisht, pa kaluar shumë kohë prapë bëhet siç ka qenë,
ujë i rrjedhshëm.
— **Sami Frashëri**

Kombi shqiptar sot jeton i ndarë, këtë ndarje të dhunshme nuk e ka pranuar asnjëherë. Shqiptarët pavarësisht vendbanimit gjithnjë kanë shprehur pakënaqësinë kundër padrejtësisë historike të vendimeve të Konferencës së Londrës (1913), që çoi në copëtimin e trojeve shqiptare, kundër vullnetit të shqiptarëve autokton.

Demokracia në të cilën pretendojmë se jetojmë, e lejon lirinë e shprehjes së pikëpamjeve dhe ideve politike. Platforma për Shqipëri të Bashkuar synon që aspiratën e natyrshme shekullore të kombit shqiptar, për të jetuar i lirë dhe i bashkuar në një shtet kombëtar – Shqipëri të Bashkuar ta instrumentalizojë si platformë zyrtare aktive të institucioneve shtetërore shqiptare, që më pas të shoqërohen me veprime konkrete për jetësimin e saj.

Shqipëria e Bashkuar dhe kombi shqiptar janë element kyç strategjik për të krijuar një ekuilibër të domosdoshëm në Gadishullin Ilirik, si nevojë e kohës për parandalim e gjakderdhjeve të reja, kësisoj Shqipëria e Bashkuar është interes gjeostrategjik jo vetëm i shqiptarëve, por edhe i Bashkimit Europian dhe Shteteve të Bashkuara të Amerikës. Bashkimi Europian dhe Shtetet e Bashkuara të Amerikës duhet të injorojnë zgjidhjet afatshkurtëra, të cilat vetëm i mbyllin plagët përkohësisht. Projekti i kombit shqiptar për Shqipëri të Bashkuar ofron zgjidhje afatgjatë, dhe është projekt serioz i zhvillimit ekonomik europian, që garanton prosperitet për popujt dhe mirëkuptim midis tyre.

Shqiptarët në trojet e tyre, janë sulmuar, pushtuar, coptuar, vrarë e masakruar nga pushtues të ndryshëm, gjatë periudhave të ndryshme historike, një rrezik i tillë, edhe sot e kësaj dite është i pranishëm nga shtetet fqinje të ngritura në troje shqiptare.

Platforma për Shqipëri të Bashkuar, në planin strategjik politik, e unik shqiptar përfshin synimin kryesor për bashkimin e kombit shqiptar. Kjo, do të ishte etapa e fundit e zgjidhjes së drejtë të çështjes koloniale të trojeve shqiptare. Bashkimi i kombit shqiptar nënkupton bashkimin e trojeve shqiptare, që kanë vazhdimësi historike dhe gjeografike me REPUBLIKËN E SHQIPËRISË, bazuar në aktin juridik të të 28 nëntorit 1912, të shpalljes së pavarësisë.

ALBANIA
28 November 1912

Treaty of London 1913
Traktati Londrës -1913

The Albanian territories were divided between Serbia, Monte Negro and Greece

28.748 km²

88 000 km²

DEKLARATA E SHPALLJES SË PAVARËSISË SË SHQIPËRISË

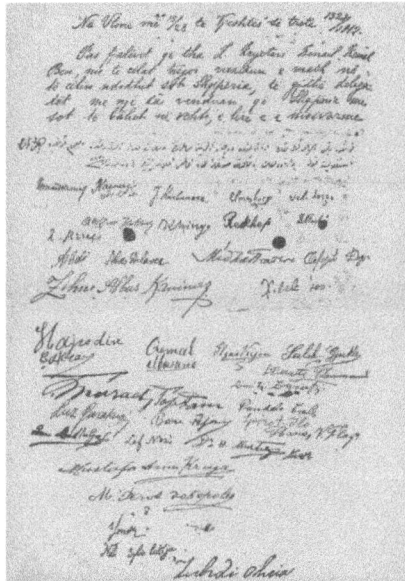

Deklarata e Pavarsisë e formuluar nga Ismail Qemali dhe e shkruar nga L. Gurakuqi.
Kjo paraqitje e dokumentit është një montim nga Lef Nosi me rastin e ekspozitës së 1937,
pasi firmat nga M. Kruja e poshtë, tek dokumenti origjinal ishin në pjesën e prapme

Më 28 nëntor 1912, në mbledhjen e parë të Kuvendit Kombëtar të Vlorës, u nënshkrua Deklarata e Pavarësisë së Shqipërisë, pjesa shqip hartuar nga Luigj Gurakuqi, dhe pjesa turqisht nga Ismail Qemali dhe e shkruar nga Shefqet Dajiu. Deklarata është dokument i shkurtër dhe i shkruar me dorë, i nënshkruar nga delegatët e Kuvendit, me këtë përmbajtje:

"Në Vlonë më 15/28 të Vjeshtës së Tretë 1328/1912
Pas fjalëvet që tha z. Kryetar Ismail Kemal beu,
me të cilat tregoi rrezikun e math në të cilin ndodhet
sot Shqipëria, të gjithë delegatët me një zâ venduan

që Shqipëria më sot të bâhet në vehte, e lirë e e mosvarme".

Perandoria Osmane ra në Luftën e Parë Ballkanike që filloi në tetor të vitit 1912 dhe shqiptarët e gjetën veten në një pozitë tejet të vështirë. Udhëheqësit e tyre ishin më të shqetësuar nga koalicioni i forcave fqinje (Mali i Zi, Serbi dhe Greqi) se sa nga dobësimi i pranisë ushtarake Osmane, në vendin e tyre. Ajo që ata donin ishte ruajtja e integritetit territorial të Shqipërisë. Brenda dy muajve, forcat osmane pothuajse kishin kapitulluar, dhe vetëm në Shkodër dhe Janinë garnizonet turke nuk ishin dorëzuar. Ekzistenca e vendit ishte e rrezikuar.

Në këto rrethana, delegatët nga e gjithë Shqipëria u mblodhën në Kuvendin e Vlorës. Ismail Qemali u kthye në Shqipëri dhe në krye të një asambleje kombëtare prej 83 anëtarësh, shpalli pavarësinë e Shqipërisë në qytetin e Vlorës më 28 nëntor 1912. Në të njëjtën kohë u krijua edhe një qeveri e përkohëshme. Pavarësia e Shqipërisë u njoh më 17 dhjetor 1912 në Konferencën e Ambasadorëve në Londër.

Delegatët e Asamblesë Kombëtare ishin:

Berati: Sami Bej Vrioni, Ilias Bej Vrioni, Taq Tutulani, Babë Dud Karbunara (Jorgji Karbunara)

Çamëria: Veli Gërra, Jakup Veseli, Rexhep Demi, Azis Tahir Ajdonati

Delvina: Avni Bej Delvina

Durrësi: Abaz Efendi Çelkupa, Mustafa Agë Hanxhiu, Jahja Ballhysa, Dom Nikollë Kaçorri

Dibra: Myfti Vehbi Dibra, Sherif Langu

Elbasani: Lef Nosi, Shefqet Dajiu, Qemal Karaosmani, Dervish bej Biçaku

Gramsh-Tomorricë: Ismail Qemali Gramshi;

Gjirokastra: Elmaz Boçe, Veli Harxhi, Myfit Bej Libohova, Petro Poga, Jani Papadhopulli

Janina: Kristo Meksi, Aristidh Ruci

Kosova, Gjakova, Plava-Gucija: Rexhep Mitrovica, Bedri Pejani, Salih Gjuka, Mit'hat Bej Frashëri, Mehmet Pashë Deralla, Isa Boletini, Riza Bej Gjakova, Hajdin Bej Draga, Dervish Bej Ipeku, Zenel bej Begolli, Qerim Begolli

Korça: Pandeli Cale, Thanas Floqi, Spiro Ilo

Kruja: Mustafa Merlika

Lushnja: Qemal Bej Mullai, Ferit Bej Vokopola, Nebi Efendi Sefa

Mati: Ahmet Bej Zogolli, Riza Bej Zogolli, Kurt Agë Kadiu

Ohri dhe Struga: Zyhdi Bej Ohri, Dr. H. Myrtezai, Nuri Sojlliu, Hamdi Bej Ohri, Mustafa Baruti, Dervish Hima

Peqin: Mahmud Efendi Kaziu

Përmet: Veli Bej Këlcyra, Syrja Bej Vlora

Pogradeci: Hajdar Blloshmi

Tepelena: Feim Bej Mezhgorani

Tirana: Abdi Bej Toptani, Murat Bej Toptani, Ymer Sollaku

Skrapar: Xhelal Bej Koprencka, Hajredin Bej Cakrani

Shijak: Xhemal Deliallisi, Ymer Bej Deliallisi, Ibrahim Efendiu

Shkodra: Luigj Gurakuqi

Vlora: Ismail Qemali, Zihni Abaz Kanina, Aristidh Ruci, Qazim Kokoshi, Jani Minga, Eqrem Bej Vlora

Kolonia shqiptare Bukureshtit: Dhimitër Zografi, Dhimitër Mborja, Dhimitër Berati, Dhimitër Ilo.

KUSHTETUTA E REPUBLIKËS SË SHQIPËRISË

Ne, Populli i Shqipërisë, krenarë dhe të vetëdijshëm për historinë tonë, me përgjegjësi për të ardhmen, me besim te Zoti dhe/ose te vlera të tjera universale, me vendosmërinë për të ndërtuar një shtet të së drejtës, demokratik e social, për të garantuar të drejtat dhe liritë themelore të njeriut, me frymën e tolerancës dhe të bashkëjetesës fetare, me zotimin për mbrojtjen e dinjitetit dhe të personalitetit njerëzor, si dhe për prosperitetin e të gjithë kombit, për paqen, mirëqenien, kulturën dhe solidaritetin shoqëror, *me aspiratën shekullore të popullit shqiptar për identitetin dhe bashkimin kombëtar*, me bindjen e thellë se drejtësia, paqja, harmonia dhe bashkëpunimi ndërmjet kombeve janë ndër vlerat më të larta të njerëzimit, vendosim këtë Kushtetutë.[26]

---

[26] http://www.mod.gov.al/images/akteligjore/kushtetuta/1.pdf

BETIMI I USHTRIVE ÇLIRIMTARE

"Si pjesëtar i Ushtrisë Çlirimtare të Kosovës (Ushtrisë Çlirimtare Kombëtare, Ushtrisë Çlirimtare për Preshevë Medvegjë dhe Bujanoc), betohem se do të luftoj *për çlirimin e tokave të pushtuara të Shqipërisë dhe bashkimin e tyre*, do të jem përherë besnik, luftëtar i denjë i lirisë, vigjilent, guximtar dhe i disiplinuar, i gatshëm që në çdo kohë, pa kursyer as jetën, të luftoj për t'i mbrojtur interesat e shenjta të Atdheut.

Nëse shkel këtë betim, le të ndëshkohem me ligjet më të ashpra të luftës dhe nëse tradhtoj, qoftë i humbur gjaku im.

Betohem!"[27]

---

[27] https://vargmal.org/dan1912

MEMORANDUMI I QEVERISË SË PËRKOHSHME TË VLORËS DREJTUAR KONFERENCËS SË LONDRËS

2 Janar 1913

Te nënshkruarit, përfaqësues të Qeverisë së Përkohshme Shqiptare, kanë nderin ti parashtrojnë Mbledhjes se Ambasadorëve të Fuqive të Mëdha në Londër pikpamjen shqiptare dhe te vënë në dijeni të tyre kërkesat e ligjshme të Shqipërisë.

Është një fakt historikisht i pranuar se populli shqiptar përbën grupimin etnik më kompakt, më homogjen dhe më të rëndësishëm të Gadishullit Ballkanik. Prejardhja dhe gjuha e tij, zakonet dhe karakteri i tij e dallojnë plotësisht nga racat që janë fqinjë me të dhe i jep llojin e individualitetit që ndihmon shqiptarët të kundërshtojnë përpjekjet për asimilimin e tyre.

Shqipëria nuk mund të ndjekë vendet perëndimore në përparimin e tyre të admirueshme të qytetërimit; arsyet për këtë prapambetje duhet të kërkohen në mes të kushteve të pafavorshme të zhvillimit të saj. Por energjia me të cilën shqiptarët u përpoqën të ruajnë karakterin e tyre kombëtar, si dhe durimi i tyre kokëfortë për të punuar drejt pavarësisë së tyre jep prova të mjaftueshme të vullnetit të tyre të mirë dhe aftësinë për të gëzuar rrugën e qytetërimit dhe pasurimit, së bashku me kombet e tjera të vogla.

Historia e kombit shqiptar është e mbushur me beteja të përgjakshme në mbrojtje të integritetit të saj. Gjatë gjithë ekzistencës së saj, Shqipëria nuk ka hequr dorë tërësisht për pavarësinë e saj. Në momente të ndryshme të historisë së saj, Shqipëria u bë pjesë e disa shteteve të huaja, por gjithmonë ideali i lirisë ka mbetur i paprekshëm dhe pushtimi ishte vetëm sipërfaqësor. Prandaj tani, kur ngjarje të rëndësishme janë duke u zhvilluar në Gadishullin Ballkanik, dhe çështja e Ballkanit është ngritur edhe një herë, Shqipëria e ndien drejtë të kërkojë këtu, para shteteve të tjera europiane se përveç të drejtës për të ekzistuar, duhet të gëzojë të drejtën për të përparuar drejt renditdhe paqes.

Sigurisht kjo do të jetë një shprehje e keqe e ndjenjës kombëtare shqiptare, nëse ne nuk do të ndanim menjëherë mirënjohjen tonë të thellë ndaj Fuqive të Mëdha për mbështetjen e pavarësisë së plotë të Shqipërisë.

Kombi shqiptar ka vuajtur shumë nën pushtimin e huaj. Ne besojmë se ai e meriton të ndjekë kombet Perëndimore, duke shpresuar se ata do të ndihmojnë vendin tonë i cili nuk kërkon asgjë, veç përmirësim.

Shqipëria është vendosur në vendimin e saj për t'u bërë një faktor për të sjellë ekuilibër dhe paqe në Gadishullin Ballkanik. Kjo, megjithatë, do të ishte e pamundur pa homogjenitetin e plotë të kombit shqiptar (i cila është ruajtur me zell për një kohë kaq të gjatë) brenda një organizmi politik që është i drejtë, i qëndrueshme dhe që zgjat. Ky organizëm mund të mbështetet vetëm me pavarësi të plotë dhe absolute, pasi ky është faktori i vetëm që mund të garantojë eliminimin e çdo pengese në të ardhmen që mund të pasojë nga mbetjete pushtimeve të huaja.

Ne jemi të bindur se aleatët e Ballkanit nuk do të mohojnë se përpjekjet e tyre të bashkuara në disa aspekte ndjekin hapat e kryengritjes shqiptare dhe se suksetet e tyre janë gjithashtu rezultat i kërkimit të shqiptarëve për liri, një kërkim që u krye me guxim dhe trimëri përmes kryengritjeve të vazhdueshme.

Në qoftë se ka një nevojë për të treguar sakrifica, vuajtje dhe varfëri si një kusht për çdo komb të pjekur për të arritur të drejtën legjitime për të qeverisur veten, ne shqiptarët mund të përmendim trajtimin barbar që kemi duruar deri kohët e fundit.

Sot, kur zgjidhja përfundimtare për çështjen e Ballkanit është paraqitur gjerësisht, kombi shqiptar nuk do të mbështesë një perandori që ka sakrifikuar pjesërisht të drejtat e saj dhe po ndërton të ardhmen e saj në tokë të pasigurt. Në të njëjtën kohë, ideja për të "dhënë Ballkanin për njerëzit e Ballkanit", nuk mund të konceptohet vetëm me rregulla humanitare. Prandaj është e pamundur për të ndërtuar paqen e plotë në gadishull nëse secili subjekt politik gëzon pavarësinë brenda kufijve të tij gjeografik dhe etnografik. Fara e përçarjes dhe çrregullimi do të jetë gjithmonë i pranishëm kur toka e banuar kryesisht nga popullsi shqiptare është nënshtruar nga një shtet i huaj.

Duke shprehur pikëpamjen e kombit shqiptar, i cili është e përfaqësuar pothuajse tërësisht nga Qeveria e Përkohshme tonë, ne nuk jemi duke ofruar Fuqive të Mëdha ndonjë zgjidhje të gatshme. Duke ditur se të drejtat tona ndërkohë që sinqerisht përpiqet për të ndihmuar qeveritë europiane për të gjetur një zgjidhje të drejtë dhe të qëndrueshme, duke pranuarmosmarrëveshjet, por të frymëzuar nga dëshira për të mbajtur politika pozitive ndaj fqinjëve tanë të Ballkanit, ne deklarojmë se paqja dhe qetësia do të zbatohet vetëm kur kombi shqiptar do të gëzojë një konfiguracion homogjen politike. Për këtë arsye, kombi shqiptar kërkon një shtet shqiptar që do të ndërtohet brenda kufijve të tij natyror; dhe ne jemi të bindur se Fuqitë Europiane e Madhe do të tregojnë të kuptuarit e tyre dhe në mënyrë rigoroze do të respektojnë këto parime të përgjithshme.

Kufijtë që kërkojnë janë këto: duke ndjekur një vijë të demarkacionit duke filluar nga kufiri aktual me Mbretërinë e

Malit të Zi dhe duke përfshirë të gjitha rrethinave, qytetet e Pejës, Mitrovicës, Shkupit deri në Meçovë, plus territorin brenda kufirit të sotëm deri në jug në Prevezë. Duke kërkuar demarkacionin e kufijve në vijim përgjatë kësajvije, kombi shqiptar shpreh dëshirën e tij për të mbajtur marrëdhënie të mira dhe të qëndrueshme me fqinjët e tij. Përveç argumenteve etnike, gjeografike dhe historike që mbështesin këtë zgjidhje racionale e çështjes kufijve, ne ndjehemi të detyruar për të shtuar se çdo cungim i mundshëm i kufijve natyror të Shqipërisë, do të bëjë vetëm funksionimin normal të tij të pamundur pasi vendi do të jetë në gjendje për të përfituar nga burimet natyror të tij në rrugën e zhvillimit të saj.

Dhe së fundi, rajonet e lartpërmendura janë të banuara kryesisht nga popullsi shqiptare.

Ndarja e kufijve do t'i besohet një komisioni të veçantë të përzier. Ky komision do të veprojë pa interesa, dhe kështu do të qetësojl fqinjët e shtetit të ardhshëm shqiptar.

Kombi shqiptar ka provuar tashmë meritat e tij dhe aftësinë e tij për të bërë gjykimin e lirë në çështjet politike. Ai ka vlerësuar gjithmonë interesat e tij kombëtare më lartë se konsideratat fetare që kanë qenë burimi për kaq shumë probleme dhe mosmarrëveshje midis kombeve fqinje. Prova më e mirë është qëndrimi tradicionalisht me respekt për njerëzit vllehë, icili është shpërblyer sot nga marrëveshja me vllehët për të jetuar dhe punuar në kuadër të shtetit të ri shqiptar.

Kombi shqiptar është i bindur se në zgjidhjen e konfliktit të sotëm, Fuqitë e Mëdha do të marrin në konsideratë kërkesat e paraqitura në këtë memorandum dhe nuk do të kthejnë një sy qorr ndaj kërkesave përkatëse të një kombi të vogël, por i denjë për një të ardhme më të mirë, një komb që ka vuajtur në të kaluarën, por ka mbajtur gjithmonë besimin e tij në të ardhmen.

Është për këtë të ardhme që Shqipëria dëshiron garancitë e Fuqive të Mëdha, në mënyrë që ajo mund të bëhet një partner në bashkëpunim dhe zhvillim dhe të mbajë një vend në mesin e kombeve të qytetëruara.

Londër, 2 janar 1913.
Paraqitur nga delegatët e Qeverisë së Përkohshme Shqiptare

Rasih Dino
Mehmet Konica
Filip Noga

Autor
Ismail Qemali

PROGRAMI POLITIK I LËVIZJES PËR SHQIPËRI TË BASHKUAR

1. LËVIZJA PËR SHQIPËRI TË BASHKUAR (L.Sh.B.) është lëvizje mbarëkombëtare politike dhe demokratike, që ka qëllim përfundimtar zgjidhjen tërësore të çështjes kombëtare shqiptare, e cila angazhohet për bashkimin fizik të trojeve shqiptare në një shtet të vetëm kombëtar shqiptar - Shqipëri të Bashkuar.

2. LËVIZJA PËR SHQIPËRI TË BASHKUAR është bashkim vullnetar i individëve me kombësi shqiptare pa dallim feje, ideje, krahine, pikëpamjeje politike dhe shtrese shoqërore, të cilët i bashkon aspirata natyrale për çlirim dhe bashkim kombëtar.

3. LËVIZJA PËR SHQIPËRI TË BASHKUAR beson se ky është një rast historik për kombin shqiptar, për t'u zhvilluar si komb

dhe për t'u bashkuar në një shtet të vetëm kombëtar - Shqipëri të Bashkuar.

4. LËVIZJA PËR SHQIPËRI TË BASHKUAR, zgjidhjen e çështjes kombëtare shqiptare e konsideron si një proces të pashmangshëm, që do të përfundojë me realizimin e aktit më të lartë; bashkimin e trojeve shqiptare në një shtet kombëtar - Shqipëri të Bashkuar.

5. LËVIZJA PËR SHQIPËRI TË BASHKUAR e konsideron popullin shqiptar faktor kryesor për zgjidhjen në tërësi të çështjes kombëtare shqiptare dhe se faktori i jashtëm mund ti shërbejë faktorit kryesor (popullit), por asnjëherë kundër vullnetit të tij.

6. LËVIZJA PËR SHQIPËRI TË BASHKUAR konsideron se Shqipëria e Bashkuar nuk duhet parë si rrezik për fqinjët, por si një mundësi për të siguruar paqe dhe stabilitet afatgjatë në rajonin e Gadishullit Ilirik.

7. LËVIZJA PËR SHQIPËRI TË BASHKUAR angazhohet për barazi gjinore, drejtësi sociale, siguri, mirëqenie ekonomike dhe ofron mbështetje të fuqishme për bërthamën e ekzistencës së shoqërisë shqiptare, familjen dhe ekonominë e saj.

8. LËVIZJA PËR SHQIPËRI TË BASHKUAR respekton parimin e shumëllojshmërisë; sa më shumë ide të ndryshme të ketë brenda LShB, aq më i pasur është mendimi politik i saj.

9. LËVIZJA PËR SHQIPËRI TË BASHKUAR do ti trajtojë me dinjitet pakicat etnike jo-shqiptare me reciprocitet të plotë, konform trajtimit që do do i jepet bashkëkombasve shqiptarë me banim në shtetet fqinje.

10. LËVIZJA PËR SHQIPËRI TË BASHKUAR beson në lirinë e besimit fetar, sipas traditave dhe zakoneve të kombit shqiptar për tolerancë ndërfetare dhe nën mbikqyrjen e plotë të shtetit shqiptar.

SYNIMET KRYESORE

LSHB-ja do të udhëhiqet në përputhje me parimin "SHQIPËRIA E BASHKUAR MBI TË GJITHA" dhe ka këto synime:

1. LËVIZJA PËR SHQIPËRI TË BASHKUAR synim kryesor ka bashkimin e trojeve shqiptare në një shtet të vetëm kombëtar shqiptar - Shqipëri të Bashkuar, si qëllim përfundimtar për zgjidhjen në tërësi të çështjes kombëtare shqiptare sipas aktit juridik të 28 Nëntorit 1912.

2. Krahas qëllimit kryesor, Shqipërisë së Bashkuar, dhe detyrave rreth shtrirjes organizative e përhapjes së politikës së saj, LShB-ja do të jetë aktive në trajtimin e çështjeve të përditshme të shqiptarëve, por gjithmonë në përputhje dhe në funksion të qëllimit kryesor.

3. LËVIZJA PËR SHQIPËRI TË BASHKUAR synon krijimin e strategjisë mbarëkombëtare të gjithë spektrit politik, atdhetar dhe ekonomik për realizimin e qëllimit për Shqipëri të Bashkuar, si synim i të gjitha partive politike dhe lëvizjeve kombëtare, pa përjashtim.

4. LËVIZJA PËR SHQIPËRI TË BASHKUAR synon bashkimin e republikave të Kosovës dhe Shqipërisë, nëpërmjet referendumit demokratik dhe njësimin institucional e shtetëror me forma paqësore.

5. LËVIZJA PËR SHQIPËRI TË BASHKUAR synon bashkimin e trojeve shqiptare sot të pushtuara, në kufijtë natyror të saj me Shqipërinë, duke përdorur të gjitha metodat dhe mjetet demokratike për realizimin e aspiratës kombëtare për çlirim dhe bashkim kombëtar.

PIKAT MBËSHTETËSE

LËVIZJA PËR SHQIPËRI TË BASHKUAR për realizimin e synimit kryesor; bashkimin e trojeve shqiptare në një shtet të vetëm - Shqipëri të Bashkuar, mbështetet:

1. Në aktin juridik të 28 Nëntorit 1912 të Kuvendit të Vlorës, të shpalljes së Pavarësisë së Shqipërisë nga përfaqësuesit e katër krahinave (vilajeteve) shqiptare, me kufijtë e saj natyrorë, historik, dhe legjitim.

2. Në Kushtetutën e Republikës së Shqipërisë, e cila bashkimin kombëtar njeh si aspiratë të ligjshme: "me aspiratën shekullore të popullit shqiptar për identitetin dhe bashkimin kombëtar".

3. Në të drejtën e ligjshme dhe të patjetërsueshme të kombeve për të jetuar të lirë dhe të bashkuar, në përputhje me të drejtën e kombeve për vetëvendosje dhe dekolonizim.

4. Në Programin Politik të Lidhjes Shqiptare të Prizrenit të vitit 1878.

5. Në Kuvendin e Lezhës (1444)

6. Në betimin e Ushtrisë Çlirimtare të Kosovës (UÇK), Ushtrisë Çlirimtare të Preshevës, Medvegjës dhe Bujanocit (UÇPMB) dhe Ushtrisë Çlirimtare Kombëtare (UÇK) të cilat në tekstin e betimit të luftëtarëve të tyre e kishin sanksionuar çlirimin dhe bashkimin e trojeve shqiptare me trungun amë - Shqipërinë.

7. Në Deklaratën Universale për të Drejtat e Njeriut

SHTETI, RENDI DHE LIGJI

1. LËVIZJA PËR SHQIPËRI TË BASHKUAR angazhohet për shtetin ligjor në të cilin respektohet e drejta kombëtare e shqiptarëve për vetëvendosje; për një shtet në të cilin synohen drejtësia dhe barazia e trajtimit të qytetarëve para ligjit.

2. LËVIZJA PËR SHQIPËRI TË BASHKUAR e vlerëson sundimin e drejtësisë si shtyllë kryesore për sigurinë e të gjithë qytetarëve të Shqipërisë së Bashkuar dhe për ruajtjen e integritetit territorial.

3. LËVIZJA PËR SHQIPËRI TË BASHKUAR angazhohet për një ushtri profesionale e cila do të jetë mbrojtëse e tërësisë territoriale të Shqipërisë së Bashkuar.

4. LËVIZJA PËR SHQIPËRI TË BASHKUAR angazhohet për ndërtimin dhe armatimin e Ushtrisë Kombëtare, si një nga shtyllat themelore për të mundësuar realizimin e synimit kryesor dhe kapërcimin e barrierave të tanishme që e pengojnë dhe e vonojnë realizimin e aspiratës sonë kombëtare.

5. LËVIZJA PËR SHQIPËRI TË BASHKUAR angazhohet për njohjen e të drejtës të të gjithë shqiptarëve për shtetësi shqiptare, pavarësisht vendlindjes apo vendbanimit.

6. LËVIZJA PËR SHQIPËRI TË BASHKUAR angazhohet për luftën e pakompromis të shtetit dhe shoqërisë civile kundër krimit të organizuar dhe korrupsionit.

7. LËVIZJA PËR SHQIPËRI TË BASHKUAR angazhohet për mbrojtjen e identitetit kombëtar të kombit shqiptar si në Shqipërinë e Bashkuar poashtu dhe në diasporë.

8. LËVIZJA PËR SHQIPËRI TË BASHKUAR angazhohet për një shtet të bashkuar dhe të fuqishëm me potencial ekonomik të lartë.

MJETET DHE METODAT

1. LËVIZJA PËR SHQIPËRI TË BASHKUAR do të përdorë të gjitha metodat dhe mjetet demokratike për realizimin e aspiratës kombëtare për çlirim dhe bashkim kombëtar.

2. LËVIZJA PËR SHQIPËRI TË BASHKUAR respekton dhe mbështet aleancat perëndimore, NATO, ShBA, organizmat e Bashkimit Europian, derisa ato nuk bien ndesh me synimin kryesor dhe interesin publik dhe kombëtar të shqiptarëve.

3. LËVIZJA PËR SHQIPËRI TË BASHKUAR shqiptarët i sheh në kuadër të integrimeve të popujve të lirë të Europës: Shqipëria e Bashkuar në Europën e Bashkuar.

4. LËVIZJA PËR SHQIPËRI TË BASHKUAR hedh poshtë idenë e bashkimit (integrimit) të shqiptarëve në Bashkimin Europian para formimit të shtetit kombëtar të shqiptarëve - Shqipërisë së Bashkuar.

5. Për realizimin e programit të saj politik, LËVIZJA PËR SHQIPËRI TË BASHKUAR do të bashkëpunojë dhe bashkëveprojë me të gjitha lëvizjet kombëtare shqiptare, institucionet shtetërore dhe subjektet politike shqiptare, që mbështesin synimin kryesor për bashkim kombëtar.

ARSIMI, EKONOMIA, KULTURA DHE SPORTET

LËVIZJA PËR SHQIPËRI TË BASHKUAR do të punojë vazhdimisht të ringjallë besimin e humbur të popullit shqiptar tek institucionet duke respektuar dhe fuqizuar shtetin ligjor. Shqipëria e Bashkuar do të përmirësojë rrethanat tona si komb, në ekonomi, në demokraci, në siguri, në kulturë dhe në sporte.

1. LËVIZJA PËR SHQIPËRI TË BASHKUAR angazhohet që ideja e shtetit kombëtar dhe vetëvendosjes të ngulitet në brezat e ardhshëm në mënyrë që të jetësohet synimi, vullneti dhe aspirata shekullore e shqiptarëve për Shqipëri të Bashkuar.

2. LËVIZJA PËR SHQIPËRI TË BASHKUAR angazhohet për njësimin dhe harmonizimin e sistemit arsimor kombëtar në të gjitha nivelet.

3. LËVIZJA PËR SHQIPËRI TË BASHKUAR angazhohet për zhvillim të qëndrueshëm ekonomik nepërmjet një ekonomie prodhuese mbarëkombëtare, duke ofruar mbrojtje të tregut gjithëkombëtar në interes të kombit dhe duke ofruar kushte të barabarta për investim për të gjithë, me lehtësime të veçanta për mërgatën shqiptare.

4. LËVIZJA PËR SHQIPËRI TË BASHKUAR angazhohet për pjesëmarrjen në mënyrë të barabartë të tërë shqiptarëve, pavarësisht vendbanimit të tyre, në jetën politiko-ekonomike të trojeve shqiptare.

5. LËVIZJA PËR SHQIPËRI TË BASHKUAR angazhohet për ndryshim të legjislacioneve të cilët e kufizojnë dhe cënojnë sovranitetin e Shqipërisë, përfshirë këtu reformat dhe ndarjet

territoriale institucionale mbi baza etnike, dhe sundimin ndërkombëtar mbi Shqipërinë e Bashkuar.

6. LËVIZJA PËR SHQIPËRI TË BASHKUAR angazhohet për një emancipim të përgjithshëm të klasës politike dhe qytetarëve shqiptarë në përgjithësi, në vlerat e mirëfillta kombëtare që burojnë nga tradita, kultura, doket e zakonet që për bazë kanë besën, humanizmin, transparencën dhe interesin e përgjithshëm kombëtar.

7. LËVIZJA PËR SHQIPËRI TË BASHKUAR angazhohet për një ligë sportive mbarëkombëtare për të gjitha sportet dhe përkrah fuqishëm vetëm kombëtaret shqiptare.

Programi Politik i LËVIZJES PËR SHQIPËRI TË BASHKUAR, sipas rrethanave dhe zhvillimeve politike dhe me vendim të organeve drejtuese të LShB mund të ndryshojë, por, synimi kryesor për çlirim dhe bashkim kombëtar, në një shtet, kurrë nuk mund të ndryshohet, deri në realizimin e plotë të tij.

The Platform for United Albania © 2016 TAHIR VELIU

Të gjitha të drejtat janë të rezervuara (All rights reserved)

Author: Tahir VELIU

Facebook.com/TahirVeliu.LSHB

www.tahirveliu.com

tahirveliu@icloud.com

ISBN: 978-0-9948098-0-3 *Hardcover*

ISBN: 978-0-9948098-2-7 *Paperback*

ISBN: 978-0-9948098-1-0 *Electronic Book*

Year of publication: 2016

Shqipëria e Bashkuar

www.shqiperiaebashkuar.al

Consultant: Frashër RACAJ

Lingustic Corrector: Ilir ADEMI

Translation Assisted by: Anton PALUSHAJ & Ilir ADEMI

LËVIZJA PËR SHQIPËRI TË BASHKUAR

THE MOVEMENT FOR UNITED ALBANIA

THE PLATFORM
FOR
UNITED ALBANIA

TAHIR VELIU

Tirana
2016

DEDICATION

This book is dedicated to the architect of Ethnic Albania, Hasan Prishtina. An extraordinary diplomat of the Albanian nation who devoted all his wealth to make Albania-ALBANIA.

Hasan Prishtina was an unparalleled strategist and politician, a man of sacrifice, a remarkable and distinguished ideologue, a leader of the uprisings and for the liberation and unification of which he committed all his energies, thoughts and work. Even to this day, Hasan Prishtina remains one of the foremost enlightened personalities of the National Movement.

It was his exceptional and outstanding acts of patriotism, political and military, which paved the way, leading to the raising of the flag in Vlora and the declaration of independence of Ethnic Albania, with its natural and historical borders.

The family of Hasan Prishtina was from Polac of Drenica which had migrated from the village of Polac to the Mangjollë family of the village of Mikushnicë, whom were a branch of the Veliu Brotherhood. Genealogical researcher Muhamet Pirraku expresses as so: "I have recorded the historical memories in Drenica, and all the areas of Kosova, in Shkup, Tirana and Shkodra. Just as in the sources, as well as in historical memory, that Hasan Prishtina descends from the Veliu ancestral Brotherhood of Polac in Drenica."[28] From 1908-1912, Hasan Prishtina was one of the leaders of the General Armed Uprising in Albania and his efforts for Albanians schools consisted a a strong wing of the general war for the Albanian national liberation. In 1919, as the chairman of the delegation at the Paris Peace Conference he sought the unification of Kosova and the other territories with the the Albanian national state.

It was by his selfless patriotic, political and military activity that prepared the flag raising in Vlora and Ethnic Albania's declaration of independence with its natural and historic borders.

---

[28] Prof. Dr. Muhamet Pirraku, "Hasan Prishtina, vlerë sublime e kombit", Prishtinë, 2013

The war and opposition against the division will stop only after the liberation and reunification of my nation!

HASAN PRISHTINA

CONTENTS

APPENDIX

FOREWORD

"The Platform for United Albania" book authored by Tahir Veliu, initiator of the Movement for United Albania, contains essentially the stages of liberation and unification of Albanian territories in a single Albanian national state – United Albania.

The book also argues the idea of Albania United is not only a desire and aspiration, but it is an inevitable process, which relies on the will of the autochthonous Albanian people to live free, independent, sovereign and united within its natural, historical and legal borders. A United Albania in a United Europe. "The Platform for United Albania" envisions the unification of Albanian territories, in the classical model and emphatically rejects the idea of unification or integration of the Albanians in the European Union before the formation of the national state of Albanians - United Albania.

"The Platform for United Albania" is based on the Constitution of the Republic of Albania, which was approved by popular referendum and it was accepted by international experts of the Venice Commission and experts from NATO, on the "Platform for Solving the Albanian National Question" Academy of Sciences of Albania (1998), on the right of legitimate and inalienable rights of nations to live free and united, in accordance with the right of nations to self-determination and decolonization. "The Platform for United Albania" is based on the political program of the League of Prizren, in the legal act of 28 November 1912 of the Assembly of

Vlora, the Declaration of Independence of Albania by representatives of four provinces (vilayets) Albanian and on the oath of three liberation armies (Kosova Liberation Army, the Liberation Army of Presheva, Medvegja and Bujanoc and the National Liberation Army), that the text of the oath of their fighters had sanctioned the liberation and unification of Albanian lands in the motherland Albania.

"The Platform for United Albania" clearly defines and brings solutions to the Albanian question as a necessity and a legitimate ambition, seeing the plight of autochthonous Albanians to their lands under the occupation of its neighbors in a state of treatment as prisoners of war, without national rights and freedom of expression of free opinion, no right to learn the native language, culture and national history, without the right to use national symbols and tendency of alienation of the autochthonous people Albanian alienation Albanian territory occupied more column, treated as spoils of war, without economic development trend displacement dispersed, and the assimilation of this situation is unacceptable for every Albanian and does not contribute to peace and stability in the region.

The Platform for United Albania clearly outlines the treatment of the Albanian issue in all areas and recounts the handling, action choices on the political status of the Albanian nation as a legitimate right based on all the international conventions (UN Charter, Helsinki Final Act, the Charter of Paris for a New Europe), there are legal and legitimate support of the inalienable rights of nations to live free and united, in accordance with the right of nations to self-determination and decolonization, and is in the interest of peace and stability not only in the Balkans, or the Illyrian Peninsula, but also in Europe. It also addresses the issue of the partition into six parts of Albania, although divided, the process of unification and integration is an essential measure for the stability of the region.

"The Platform for United Albania" offers us the most substantial vision of roadmap of the objective for an Albanian national state in all legitimate rights to establish international rights and mechanisms of attainment for the formation of an Albanian national state.

A key obligation for us and our present generation of this new century has been and remains the solution of the national question although Kosova's independence advances the national issue, it does not solve it. The national question requires resolve and commitment in Eastern Albania, North-Eastern Albania, in South-East Albania and Sothern Albania. Hence, we must remain in our vision and implementation of "The Platform for United Albania" which will be elaborated and implemented by the Movement for United Albania as a nationwide movement. "The Platform for United Albania" by the political scientist Tahir Veliu is and will remain the book that unambiguously articulates the vision for the reunification of today's curtailed Albania and it should be preserved as a reference to all Albanian patriots.

Frashër RACAJ

INTRODUCTION

Albanian efforts for freedom, independence and national unification have begun since the League of Lezha. On March 2nd of 1444 was held the League of Lezha, which in the Albanian history marks a step forward in the unification of the Albanian territories in one concentrated state, which peaks the state tradition of medieval Albanian period. Today, this assembly is held as an example of the creation and maintenance of a democratic assemblies with Albanian features, in which most participants set and are led by a young man, who respects the opinions of the Albanian elderly.

On June 10, 1878 in Prizren Albanians called a Nationwide Assembly, aimed at the unification of Albania. After signing the Treaty of San Stefano between Russia and Turkey, where Albania is not recognized any territorial rights, and in anticipation of the Berlin Congress, which was expected to take away many Albanian provinces, the Albanian patriots firstly created this meeting, which would declare the final separation from the Ottoman rule. The League of Prizren was the first Albanian nationwide movement and organized in administrative, political and military form since the time of Gjergj Kastrioti. Thus, Abdul Frasheri in one of his speech stated: "The purpose of Parliament is that should halt the momentum of the heartless enemies, by connecting the Albanian Besa (allegiance) and by making an oath to protect with blood our lands that were left to us by our grandparents and ancestors". In Prizren the four provinces (vilayets) of Albania were united: Shkodra, Manastir, Janina and Kosova. League of Prizren drafted the first political program to protect the territorial integrity of all Albanians and became a guidance and motivation for a lot of movement and patriots of that time. Even today, it still remains an inspiration for the unification of Albania. From the political program of the The League of Prizren was born the National Renaissance, who projected the Declaration of Independence of Albania.

The Declaration of Independence of Albania in Vlora on November 28 of 1912 by representatives of all provinces, ended centuries of Ottoman rule, marking a historic turning point in the fate of Albania. The Assembly of Vlora, which declared the independence and formed the Provisional Government, from its composition as well as the decisions that took the pan had a character, expressing the aspirations of the entire nation centuries to unite their national state.

On March 22nd of 1913 the Great Powers adopted a timid and arbitrary decision on the division of Albania. This was an unfair decision. From this date on, more than half of the Albanian territory, came under the rule of the Balkan states, Serbia got 82 % territory and 55 % population more, Montenegro 62 % territory with 100 % population more, and Greece 68 % territory with 67 % more population.

The Provisional Government objected to the decisions of the London Conference, because they were in conflict with the legitimate right of Albanians, who, as stated in the statements of this government, as "an ethnic group more compact and more homogeneous in the Balkan Peninsula", had the right to form their unified state. The Albanians did not recognize the London Conference, the Albanian recognized only the judicial act of November 28th of 1912 for a United Albania, which still has not been revived.

The London Conference of the Ambassadors, under the "right of compromise" violated the right of self-determination of the Albanian people, thus giving priority to the the Greek and Serbian expansionist projects; the Serbian Panslavic project "Nacertanije", drafted by Serbian Foreign Minister Ilija Garashanin in 1844, and the Greek project of "Megali Idea", drafted by the Greek Prime Minister Ioannis Kolettis in 1844.

British Foreign Minister Edward Grey, while speaking on the delimitation of Albanian by the London Conference, declared on August 12th at the British House of Commons:

I am quite aware that, when the whole comes to be stated, it will be open on many points to a great deal of criticism from any one with local knowledge, who looks at it purely on the merits of the locality itself. It is to be borne in mind that in making that agreement the primary essential was to preserve agreement between the Great Powers themselves; and if the agreement about Albania has secured that, it has done the work which is most essential in the interests of the peace of Europe.[29]

During the First World War, especially during the Paris Peace Conference procedures of 1919-1920, the danger for a further dismemberment of Albanian territories reappeared, so in January of 1920 an Albanian wide assembly, known as the Congress of Lushnje, called to meet as a result of "the conclusion of a general agreement of all territories of Albania", and took to task "the strengthening of the unity and brotherhood between Albanians, to ensure complete self-governance of Albania and the unity of all Albanians."[30]

During World War II, the liberation of Albania and the national sovereignty were closely related to the resolution of the national question, as one of the most difficult problems of the

---

[29] Albania. 1920. Prothero, G.W., (ed.) H.M. Stationery Office, London. pp. 69-72.
[30] M.Çami; "Lufta e popullit shqiptar për çlirimin kombëtar (përmbledhje dokumentesh), Tiranë, 1976, vëllimi II-të dok.1

Albanian people, who, as a people divided, aimed through the joint struggle against fascism, besides liberation from foreign rule, to realize the aspiration for national unification in accordance with the principles enunciated by the participating countries in the anti-fascist coalition. The Conference Bujan began on December 31st, 1943 and ended on January 2nd, 1944 in which it was signed a resolution, where Kosova has the right to self-determination until secession and the realization of the desire of the Albanian people of Kosova's unification with Albania. The Conference of Bujan, was based on the Atlantic Charter, formulated on August 14th, 1941 by the Great Powers, where the third point stated "We respect the right of all peoples to choose their form of government and sovereignty and self-governance must be returned to those whom it was taken by force."

Subsequent international agreements were drafted and adopted on the violation of the right of self-determination of the Albanian people, not knowing the legal act of November 28th 1912, so their decisions are illegal internationally and should be declared as such and annulled by the General Assembly of the United Nations, namely the Special Committee on Decolonization (established in 1962 by the General Assembly), given that the Albanian issue is a colonial one.

In 1990, the General Assembly proclaimed 1990-2000 as the International Decade for the Eradication of Colonialism and adopted an Action Plan. In addition, in 2001, it was proclaimed the Second Decade for the Eradication of colonialism, and in 2011, the period from 2011-2020 as the Third Decade for the Eradication of Colonialism, therefore within the framework of the Third Decade, the General Assembly of the UN should declare the London Conference 2, which should cancel and annul previous anti-Albanian decisions, and should recognize the right of the Albanian nation for decolonization and self-determination as expressed on November 28, 1912.

Today, the Albanian nation is before a historic moment for the implementation of the national state - United Albania. A just settlement of the colonial issue of Albanian territories is easy, in that only what was taken from the Albanians must be returned to them. Albania is the only country that is bordered with itself, therefore United Albania is not a revenge on anyone, but only corrects a centuries-old injustice. The realization and implementation of United Albania in this respect, would mean that this part of Europe would no longer be a powder keg, as it has been since the injustice of the decision of the Great Powers in 1913. United Albania is not against anyone, but is for the good of everyone. The aspiration of the countries of the region for integration in the European Union, dictates friendship with neighbors, in which always by respecting the full equality and the rights of all for self-determination, but certainly not subservient.

THE FOUNDATIONS OF THE PLATFORM

The Albanian colonial problem is still not resolved and the Albanian lands since 1878 and until today are still treated as colonial plunder of Greece, Serbia, Montenegro and F.Y.R. of Macedonia. The solution as whole of the colonial issue of Albanian territories is legitimate right, and its solution is not contrary to any international document (UN Charter, the Final Act of Helsinki, the Charter of Paris for a New Europe), however it has legal support and is in the interest of peace and stability not only in the Balkans but also in Europe. Hence, it is imperative that the colonial issue of Albanian territories should be raised justly for resolution and scrutinized in its entirety. Appropriate means to enforce the resolution of this issue will be solved soon afterward.

The borders that separate the Albanians today, remain as colonial borders. United Albania is not a single act, but is an unavoidable process.

The Platform for United Albania contains essentially its main aim to solve the whole issue of the colonial Albanian lands and their reunification into a single Albania national state – United Albania as the only solution that brings peace, understanding, prosperity, economic development and integration into the EU and NATO for the states of the Illyrian Peninsula.

The Albanian efforts for freedom, independence, liberation and national unification have uninterrupted historical continuity, starting from the Lezha Assembly until today.

The Movement for United Albania and "The Platform for United Albania" are part of the continued and unstoppable efforts, of earlier Albanian movements and organizations, both legal and illegal, in different historical periods (1878-2016), that has the main purpose the resolution in entirety of the Albanian colonial territories problem.

The Platform for United Albania is based on:

- The legitimate and inalienable right of nations to live free and united, in accordance with the right of nations to self-determination and decolonization.
- The legal act of November 28, 1912 by the Assembly of Vlora, whereby Albania declared its independence by representatives of four Albanian provinces (vilayets)
- The Constitution of the Republic of Albania
- "Platform for resolving the Albanian national cause" of the Academy of Sciences of Albania (1998)
- The Lezha Convention (1444)
- The Political Program of the Albanian League of Prizren (1878)
- The Oath of the Kosova Liberation Army (KLA), the Liberation Army of Presheva, Medvegja and Bujanoc (UÇPMB) and the National Liberation Army (NLA), which all had sanctioned in their text of the oath the liberation and unification of Albanian territories with the motherland – Albania.

WHAT DOES UNITED ALBANIA MEAN?

United Albania simply indicates the Albania of the legal act of 28 November 1912, which was declared independent, but that was divided on July 13, 1913.

United Albania means centuries-old aspiration, patriotism, European, integrity, sovereignty, well-being, education, aspiration, determination, patience, perseverance, endurance, faith, trust, loyalty, oath, community, alertness, consciousness, responsibility, democracy, development, life, continuity, future, infinity, bravery, fortitude, courage, non-surrender, ideal, desire, goal, aim, option, vision, conscience, self-determination, foresight, an organization plan a project for conciliation, a program for action and for soldering!

United Albania, beyond being the most valued ideal of every Albanian, simultaneously sets forth true Albania with its legal and historical borders, guaranteeing permanent stability in the region. United Albania, besides from correcting the historical injustices against the Albanians, is also of political and economic interest for a brighter future for the Albanians and the region.

United Albania is a European project, in the service of peace, and in full compliance with all the norms and principles of international law.

United Albania is the antithesis of a "Greater Albania", the latter is an expansionist Serb chauvinistic invention with the sole purpose; of preserving Serbian colonialist and genocidal plans for a Greater Serbia, a thesis manufactured and fabricated in Belgrade to occupy and annihilate autochthonous Albanians.

WHY THE PLATFORM FOR UNITED ALBANIA?

Taking into consideration that the Albanian people live divided in six states, and is arbitrarily surrounded by itself, against their will and against the Constitution of the Republic of Albania, as the highest legal act in which the centuries-old national aspiration for liberation and national unification is sanctioned, based on the political program of the League of Prizren, and on the legal act of the 28th of November 1912, of the declaration of independence of Ethnic Albania by the Assembly of Vlora, with its historical borders, natural and legitimate, and that all the wars imposed by the Albanian nation were developed for the liberation from conquerors and for national unification. Relying on the principle and the right of self-determination as a universal and inalienable right of all peoples, and on the right to decolonization, a proper national platform is more than necessary, to prevent further contraction of the Albanian territories and the silent genocide in the occupied territories of Albania.

"The Platform for United Albania" foresees the liberation and reunification of Albanian lands in a single national state - United Albania, as the ultimate goal to resolve entirely the colonial issue of Albanian territories.

The process of creation of the Albanian national state in the Illyrian Peninsula has yet to be completed. The colonial issue of Albanian territories needs to be addressed and settled in its entirety, and in no way can partial solutions that would further harm the national cause be recognized.

In a time when the Albanians are growing as a people, and their own territory is shrinking as a nation, the presentation of a national movement with its reach among all territories, in which the main aim is to pave the way in necessity of a final solution to the Albanian national cause, with the basic goal of the reunification of a divided nation, is a project that is democratic, stabilizing and Europeanist. It is meaningless and unreasonable that the old divisive borders be imposed on the Albanians, in a time when the European Union experiment claims the elimination of borders. In Europe, national states integrate and unite as a whole, not as divided and conquered peoples. A United Europe cannot be realized while denying the Albanians their legitimate right to a national state, especially when Albanians are treated as second class citizens in Greece, Serbia, FYROM and Montenegro.

WHAT'S THE AIM OF THE PLATFORM FOR UNITED ALBANIA?

All Albanians, regardless of where they live, seek the reunification of their territories into a single Albanian state, as it was brought forth by the program of our Renaissance leaders in the past generations.

The Platform for United Albania aims the physical unification of Albanian territories in a single Albanian national state - United Albania, with the ultimate goal of complete settlement of the Albanian national issue, according to the legal act of November 28 of 1912.

The Platform for United Albania aims to dispel the shame and arbitrary decisions of the Great Powers dated March 22 1913 for division of Albania. This was a decision of a chronic black hole in the history of the Albanian nation. 22 March 1913 is the starting point of all protests and incessant wars of Albanians. From this date on, more than half of the Albanian territory came under the rule of the Balkan countries: Serbia, Montenegro, Bulgaria and Greece. With the fragmentation of the four Albanian vilayets benefited: Serbia and Montenegro 62.500 km², 55.000 km², Bulgaria and Greece 30.000 km².

This physical union is a new order in the Illyrian Peninsula which allows Albanians to decide their own fates away from the constraints and imperatives imposed by the occupiers of Albanian territories.

THE BORDERS OF UNITED ALBANIA

United Albania is a certain geographic and historic territory in the space of the Illyrian Peninsula, which was before and today still populated by an Albanian majority. It is a compact and homogeneous territory, the fatherland of the Albanians from prehistoric and ancient times to the present.

United Albania includes the territories of the four Albanian vilayets that existed before, during and after the Albanian League of Prizren (1878-1881):
1. Vilayet of Janina
2. Vilayet of Manastir
3. Vilayet of Kosova and
4. Vilayet of Shkodra

The borders of United Albania begin at the Three Black Rocks (Tre Gurët e Zinj) in Preveza, ascend north to the Red Apple (Molla e Kuqe) near Nish in Toplica, and end at the Red Rock (Guri i Kuq) of Malësia e Madhe in the northwest. This Albania, with these territories and with these national borders, was proclaimed an independent and sovereign state by the Nationwide Assembly, with Ismail Qemali at the head, on the 28th of November 1912 in Vlorë. United Albania has a land surface of approximately 88.000 km².

During the time of the rule of the Ottoman Empire, Albania was divided into four historical regions (vilayets):
1. Vilayet of Janina
2. Vilayet of Manastir

3. Vilayet of Kosova

4. Vilayet of Shkodra

Today, United Albania is divided into six "modern" states:

1. The Republic of Albania (Central Albania) – 28.748 km²

2. The Republic of Kosova (Northern Albania) – 10.908 km²

3. Eastern Albania under the FYROM – 15.039 km²

4. Northeastern Albania under Serbia – 6.645 km²

5. Northwestern Albania under both Montenegro and Serbia – 10.986 km²

6. Southern Albania under Greece – 15.674 km²

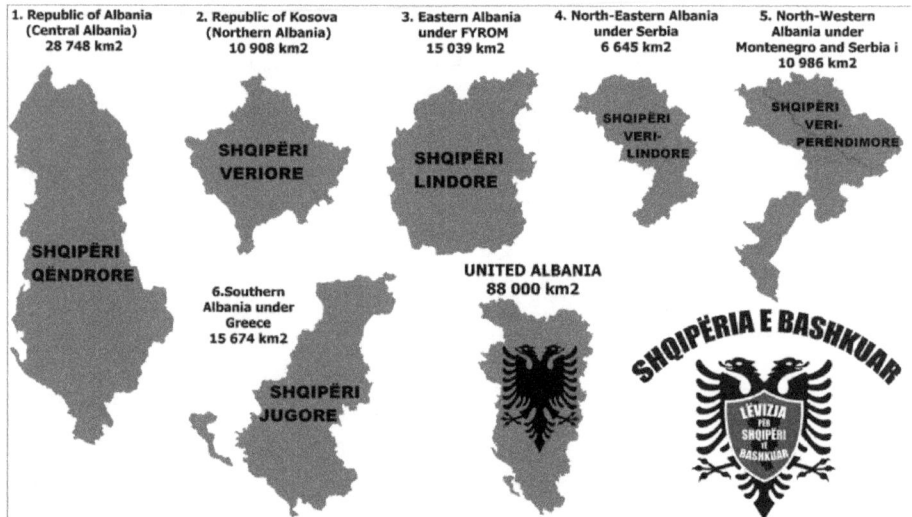

Hence, it appears that the Albanian "vilayets" have increased in number (from four parts to six), and not only is United Albania disunited, but it has gone toward further contraction and partitioning; as the territory has reduced in size. This is the geopolitical reality of United Albania today.

UNITED ALBANIA
88.000 KM2

However, what makes this geopolitical mosaic of Albanian territories even more tragic and painful, is the anti-national stance and the indifference of the Albanian political class of these six poor "vilayets", officials whom have never established a clear and serious initiative for the implementation of the will of the Albanian people for a free and United Albania.

The motto of our national Renaissance figures, "One nation, one state", has been continuously disregarded by the Albanian political centers across the modern day "vilayets" of

United Albania! The Albanian political leaders and authorities have yet to possess a single national strategy, a goal, an ideal, an aspiration, a solution, a political strategy nor any single unified and official stance to address and settle the colonial issue of Albanian territories – to liberate and unite the Albanian territories into a single national entity - United Albania.

The political class of all the modern Albanian "vilayets" of Albania have shown and are showing an attitude of nihilism, an unmatched and open contempt toward the Albanian issue, up to the complete denial and ignorance of the existence of this national issue as one that is due for settlement! There exist an infinite number of declarations and claims against national reunification, deeming it an illusion, an outdated fantasy, or a utopian adventure in the minds of a group of Albanian idealists, nationalists or extremists that do not understand politics, never hesitant it seems, to label them as people with masks, criminals and terrorists!

Neighboring chauvinistic countries propagandize that United Albania, or as they call it "Greater Albania", means an Albanian invasion and annexation of their ethnic territories; an Albanian occupation of foreign territory. But it is historically known, that those territories where Albanians, and neighboring nations live today, were before and are still now Albanian territories. These artificial states are aggressors because they conquered by force the Albanian territories upon which they constructed their states today. The foundations of their states are raised on foreign property, on appropriated lands. Although under psychological fear from invading countries, the Albanians in these territories still live, talk and breathe in Albanian.

INTERNATIONAL CONVENTIONS AND JUDICIAL ACTS THAT SUPPORT UNITED ALBANIA

All these conventions and acts of self-determination of peoples guarantee and support the creation of United Albania:

Article 1 (2) of the United Nations Charter[31] establishes that one of the main purposes of the United Nations, and thus the Security Council, is to develop friendly international relations based on the respect for the "principle of equal rights and self-determination of peoples".

In the highest international legal act, as is the **United Nations Charter**, is enshrined the Principle of Self-determination of Peoples. It provides that the state complies with the nation; because a nation is a natural society of peoples with a common territory, origins, customs, traditions and language that form a vital community and social consciousness.

The General Assembly of the United Nations Organization has dedicated many spaces in its resolutions to the right of self-determination of peoples. Presented below are but a few of them:

---

[31] http://www.dadalos.org/uno_alb/un-charta.htm

145

Resolution 637 (VII)[32], adopted on the 16th of December 1952, states: "The right of peoples and nations to self-determination is a prerequisite to the full enjoyment of all fundamental human rights".

Resolution 1514 (XV)[33], Declaration on the Granting of Independence to Colonial Countries and Peoples, adopted on the 14th of December 1960, in Article 1 it states: "The integration of an ethnic territory must be the result of the free expression of the will of the people of that territory".

Resolution 1815 (XVII)[34], adopted on the 18th of December 1962 (paragraph 1.e), states: "The right of self-determination is one of the basic principles of international law, upon which the active policy of peaceful coexistence should rest."

Resolution 1956 (XVIII)[35], adopted on the 11th of December 1963, and **Resolution 2105 (XX)**[36], adopted on the 20th of December 1965, reconfirm and reaffirm the **Decolonization Resolution 1514 (XV)**[37] of the 14th of December 1960, in which it states: "All States are called upon to provide moral and material assistance for liberation movements".

Article 10 of Resolution 2105 (XX)[38] recognizes the legitimacy of the struggle by the peoples under colonial rule to exercise their right to self-determination and independence and

---

[32] https://daccess-ods.un.org/TMP/598292.425274849.html
[33] http://www.un.org/en/decolonization/declaration.shtml
[34] http://www.un-documents.net/a17r1815.htm
[35] http://www.un.org/en/ga/search/view_doc.asp?symbol=A/RES/1956(XVIII)
[36] http://www.un.org/en/ga/search/view_doc.asp?symbol=A/RES/2105(XX)
[37] http://www.un.org/en/ga/search/view_doc.asp?symbol=A/RES/1514(XV)
[38] https://daccess-ods.un.org/TMP/248290.076851845.html

invites all states to provide material and moral assistance to the national liberation movements in colonial territories.

Resolution 2625 (XX)[39], adopted on the 24th of October 1970, states: "The establishment of a sovereign and independent State, the free association or integration with an independent State or the emergence into any other political status freely determined by a people constitute modes of implementing the right of self-determination by that people." Therefore, "Every State has the duty to refrain from any forcible action which deprives peoples referred to above in the elaboration of the present principle of their right to self-determination and freedom and independence."

Resolution 44/147[40], of the 82nd plenary meeting of the General Assembly of the United Nations Organization (1989), and **Resolution 48/93**[41], of the 85th plenary meeting of the General Assembly of the United Nations Organization (1993), reiterate that "all peoples have the right, freely and without external interference, to determine their political status and to pursue their economic, social and cultural development, and that every State has the duty to respect that right in accordance with the provisions of the Charter" of the United Nations Organization.

---

[39] http://www.un-documents.net/a25r2625.htm
[40] http://www.un.org/en/ga/search/view_doc.asp?symbol=A/RES/44/147
[41] http://www.un.org/en/ga/search/view_doc.asp?symbol=A/RES/48/93

WHY UNITED ALBANIA, AND NOT "GREATER ALBANIA"?

United Albania is the will of the Albanians, whereas "Greater Albania" is a Greco-Serb-Slavic invention.

United Albania is a democratic and diplomatic term accepted in the international scene, that discriminates against no one, but specifies the centuries-long will and aspiration of the autochthonous Albanian nation, for a national state.

Nevertheless, neighboring states (occupiers of Albanian territories) all too often tend to try and equate the term United Albania with the term "Greater Albania" which does not contain or imply the same meaning.

The term United Albania means nothing more and nothing less than the territories historically populated by the autochthonous Albanians, the undoubtedly and scientifically proven descendants of the Pelasgians and Illyrians. United Albania means the Albanian territories proclaimed independent by the legal act of the 28th of November 1912; (Administrative Albania, Kosova, Ilirida under FYROM, the Great Highlands under Montenegro, Eastern Kosova under Serbia, and Chameria under Greece).

The Albanians must be careful, not to use the wrong terms invented by the enemy, as it could hamper our national cause before the world opinion.

The term "Greater Albania", invented in greater Greco-Serbo-Slavic galleys, suggests a territorial expansion of Albania against neighboring countries and their unjustly occupied territories. The anti-Albanian term "Greater Albania" suggests a territory five-times greater than the actual territories inhabited by Albanians, from the Danube River to the Peloponnesse and Aegean. This "academic" term fabricated by anti-Albanian circles was invented to create obstacles for the Albanians in achieving national unification, - that is United Albania. "Greater Albania" is a fairytale term of the Serbian Academy of Arts and Sciences based in Belgrade, and its branches the Macedonian Academy of Arts and Sciences (in Shkupi), the Montenegrin Academy of Arts and Sciences (in Podgorica) etc.

The term "Greater Albania" is constantly used by the occupying invaders of Albanian territories, to present the Albanians as a nation with territorial claims against their neighbors, even though the Albanians are the only nation to have never in their history, waged invasive wars, but on the contrary, have historically waged wars only for liberation and self-defense.

Meanwhile, the Albanians have gone above and beyond in giving unmatched contributions to the liberty of these neighboring newcomers who settled in indigenous Albanian territories, and are among the meritorious in the establishment of many modern states in the region and beyond. This, as it is already known, was one of the biggest shortcomings of the Albanian nation because they continuously gave state-founding contributions to others. They did so without even completing their own state foundations, for neighboring nations whom later turned toward barbarous invasions and occupations of Albanian lands.

The unification of the Albanians in a single national state is the only lasting solution to the Albanian national issue, which means the unification of all Albanian territories in an Albanian national state - United Albania. A free and united Albania does not have territorial claims on neighboring states, therefore it can never be called "Greater Albania".

INTERNATION AGREEMENTS AND THE COLONIAL ISSUE OF THE ALBANIAN TERRITORIES

International Agreements such as: The Berlin Treaty (1878), the Treaty of London (1913), the Treaty of Versailles, the Agreement Ribbentrop-Ciano and "Greater Albania" (1941), the Treaty of Yalta and Potsdam (1945), the Dayton Agreement (1995), the Rambouillet Agreement (1999), the Kumanova Agreement (1999), Konçul Agreement (2001) and the Ohrid Agreement (2001), were artificial arrangements, unilateral, without the participation of Albanians, and can freely be declared as non-existent, since their basic aim was for the termination of a certain war or another and interim peace-building for a certain period of time, but not solving an issue or correcting the injustices that were caused by those wars.

To ensure peace and permanent stability in the Balkans, the international community will have to organize an international conference, similar to the London Conference, which will correct the injustices of the London Conference of 1913 as foreseen by Platform of Natural Albania, by Mr. Koço Danaj.

To date, international agreements, were contrary to the political will of the autochthonous Albanian people and left severe and tragic consequences for the Albanian nation, but the greatest tragedy is that they still continue to weigh on the Albanian nation.

THE MEANS AND METHODS

The Platform for United Albania foresees the use of all the democratic means and methods for the realization of the national aspirations for liberation and national unification.

All the means and methods for the liberation and national unification are legal and democratic, including uprising according to international norms and conventions, which rightfully recognize the legitimacy of the struggle of peoples under colonial settlement, in order to exercise the rights of self-determination and independence.

Resolution 1956 (XVIII)[42], adopted on 11 December 1963, and **Resolution 2105 (XX)**[43], adopted on 20 December 1965, reconfirm and reaffirm the **Resolution of Decolonization 1514 (XV)**[44], of 14 December 1960, declaring that: "All states are called upon to provide material and moral assistance to liberation movements".

Article 10 of Resolution 2105 (XX)[45] recognizes the legitimacy of the struggle by the peoples under colonial rule, with the goal of exercising their right to self-determination and independence, and also invites all states to provide material

---

[42] http://www.un.org/en/ga/search/view_doc.asp?symbol=A/RES/1956(XVIII)
[43] https://daccess-ods.un.org/TMP/7982249.85599518.html
[44] http://www.un.org/en/ga/search/view_doc.asp?symbol=A/RES/1514(XV)
[45] http://www.un.org/en/ga/search/view_doc.asp?symbol=A/RES/2105(XX)

and moral assistance for all the national liberation movements in colonial territories.

14 POINTS OF THE PLATFORM

1) The Platform for United Albania seeks the implementation of United Albania, based on judicial act of November 28th of 1912 of the Assembly of Vlora, in the Constitution of the Republic of Albania and the legitimate and inalienable right of nations to live free and united, in accordance with the right of nations to self-determination and decolonization.

2) The Platform for United Albania aims that United Albania to be a state of rule of law, in which the legal national right of the Albanians for identity and national unification will be respected, as well as justice and equality of citizens before the law, without distinction.

3) The Platform for United Albania is committed to uniting the Republics of Kosova and Albania, through a democratic referendum and an institutional state unification by utilizing peaceful means.

4) The Platform for United Albania aims at establishing a nationwide strategy across the political spectrum for the realization of the goal of United Albania, as a goal of all political parties and national movements, without exception.

5) The Platform for United Albania aims to institutionalize the legitimate right of Albanians for national identity and national unification.

6) United Albania before entering the European Union: The idea of "national unification" in the European Unions is not the realization of a legal act of November 28ᵗʰ of 1912 of the Assembly of Vlora, but it is a demagogic and misleading notion, and contrary to the Constitution of the Republic of Albania.

7) The Platform for United Albania considers that United Albania is the basic premise for real freedom of neighboring countries. The occupied territories of Albania to neighboring states are a cult of their own slavery. States that retain the occupied Albanian territories are not free themselves.

8) The Platform for United Albania represents the form of economic development and protects the productive natural resources from the impact of free trade, especially from the negative impacts of our neighbors. The Platform for United Albania is committed to:
- Formation of the nationwide market
- Development of tourism and preservation of flora and fauna
- Development and modernization of the electro–energy
- Development of mining and minerals
- Protection of agricultural productivity
- Development and modernization of productive technology

9) The Platform for United Albania considers that the realization of United Albania stands above everything. United Albania stands above religious, ideological, or party beliefs, and the divine right to have a United Albania, as the national state of all Albanians, with one flag, one language, one culture and a united nation with

ancient traditions, contribute to the region and the world.

1) United Albanians make up United Albania. The Movement for United Albania and The Platform for United Albania offer a solution to the colonial issue of Albanian territories. The Platform for United Albania will give life to the struggle of the Albanians for a nation state.

2) United Albania reflects the Albanian nation and the territorial integrity of the territories inhabited by Albanians in their historical alignment line inherited from antiquity, and decolonization remains the objective and spread in the historical and geographical legitimate space. The Platform for United Albania requests the return of reserved seats in the Assembly of the Republic of Albania for all the Albanian regions, according to the legal act of November 28, 1912.

3) The Platform for United Albania aims to create a Special Fund for the Occupied Areas of Albania. The Platform for United Albania considers that the national and territorial security of the United Albania is endangered in the occupied areas outside the administrative borders of Albania; Eastern Albania under FYROM, Northwestern Albania under Montenegro and Serbia, North-Eastern Albania under Serbia and Southern Albania under Greece. These areas should be declared endangered areas and there needs to be used a clear national policy for their protection and economic development. All Albanians living in these vulnerable areas should benefit economically from the joint Albanian state through an annual contribution. Also,

under the protection of endangered areas it is essential to create package and provide special conditions for education by providing grants specifically for Albanian schools, financial relief for high-level educational opportunities in state universities, but conditions should clearly be defined, that after their completion, they are obliged to live and work in vulnerable areas for a certain period of time. Thus, economic relief would be a justified investment to the state.

4) The Platform for United Albania appreciates the special significance of the Diaspora and is engaged in creating conditions and incentives for investments in the homeland, for the protection of their rights wherever they live, work and operate. Every Albanian outside the Albanian territories is an ambassador of United Albania. Every compatriot or stranger that you encounter, educate them about the history of the Albanian nation and the indisputable legitimate right for United Albania. Wherever you are in the world, you are a missionary of United Albania.

5) The Platform for United Albania is committed to the right of all individuals of Albanian origin or ethnicity have the right to acquire citizenship of the Republic of Albania through a simplified procedure, by making a written declaration and by submitting proof of attachment to Albanian culture. All Albanians living abroad are entitled to the citizenship of the Republic of Albania, without renouncing their current citizenship.

UNITED ALBANIA, AS AN UNDENIABLE RIGHT

United Albania is a European project, in the service of peace, and in full compliance with all the norms and principles of international rights. The realization and implementation of United Albania, as an unstoppable process and as a historic and legitimate right of the Albanian nation, does not pose a threat, but on the contrary it saves the Illyrian Peninsula from further bloodshed.

According to the English political historian and academic in Britain, Prof. Dr. Noel Malcolm: "The unification of Albanians does not threaten nor endanger the Balkans, but on the contrary it strengthens the peace and stability".

The Constitution of the Republic of Albania, adopted by popular referendum (22 November 1998) and uncontested by the International community, recognizes the request of the Albanian nation as legitimate and provides legal support: "with the centuries-old aspiration of the Albanian people for national identity and unity, with the deep conviction that justice, peace, harmony and cooperation between nations are among the highest values of humanity, we establish this constitution"[46]. Also, the Republic of Albania is legally obliged to protect the Albanians who are currently outside its administrative territory, meaning, and its occupied territories. Article 8, Section 1, states: "The Republic of Albania protects the national rights of

---

[46] http://www.mod.gov.al/images/akteligjore/kushtetuta/1.pdf

158

the Albanian people who live outside its borders"[47]. Any tendency of the internal factor to avoid constitutional obligations is unconstitutional and in complete contradiction with the will of the Albanian nation.

The unification of Albanians in a national state cannot be argued as a matter of force, but as an undeniable right, because it is in full compliance with the norms and principles of international rights. According to the principles of equality and self-determination of peoples, set by the United Nations Charter, the right of self-determination is defined in this way: "All colonized peoples and places enjoy the right, without external interference, to freely determine their political status and to freely pursue their economic, social and cultural development, and all states shall observe faithfully and strictly this right in compliance with the provisions of the Charter of the United Nations."[48]

The hallmark figure of Albanian national awareness and resistance, Ukshin Hoti, in a letter to the court expressed as so: "The Albanian people must unite. Everyone knows this and none contest it anymore. They must unite for the reason that they are unified on the spiritual plane: they have one language, one culture and one history. For the reason that they are an ancient European people of the Balkans, which early on have demonstrated their own state forming maturity; because early on they have also achieved the required level of political self-consciousness, for the country and for their own interests in the region, and because they have proved so gloriously their usefulness in all plans of the European community of peoples. They must also unite for the reason that the right of self-determination is one of the central achievements of European civilization, which has itself proclaimed this right and which

---

[47] http://www.mod.gov.al/images/akteligjore/kushtetuta/1.pdf
[48] W. Ofuatey-Kodoje, Self-Determination in United Nations Legal Order, Cambridge,1995, f.349

cannot be refused or denied by any European people. The Albanian people need something like this to further their self-development in order to achieve the general level of this community overall."[49]

A just settlement of the colonial issue of Albanian territories is easy, in that only what was taken from the Albanians must be returned to them. Albania is the only country that is bordered with itself, therefore the unification of Albanian territories is not a revenge on anyone, but only corrects a centuries-old injustice. The realization and implementation of United Albania in this respect, would mean that this part of Europe would no longer be a powder keg, as it has been since the injustice of the decision of the Great Powers in 1913. United Albania is not against anyone, but is for the good of everyone. The aspiration of the countries of the region for integration in the European Union, dictates friendship with neighbors, in which always by respecting the full equality and the rights of all for self-determination, but certainly not subservient, or in kneeling, as demonstrated by today's Albanian politics and some of its anti-Albanian agents.

---

[49] Ukshin Hoti, Filozofia politike e çështjes shqiptare, Rozafa, Tiranë, 1995

UNITED ALBANIA IN UNITED EUROPE

The European Union with all its divisions is yet united in its pressure on the Albanians, in accepting the current situation and at the same time considering the Albanian national issue a closed case. Therefore, the formula of integration of the region into the European Union is used, where borders become irrelevant and the language of nationalism and self-determination is "overcome" on paper. This anti-Albanian strategy is undoubtedly serving the political elite of all Albanian territories, whom for their own personal and clan interests are selling out on the Albanian national interests. To apply the statement of Hasan Prishtina: "First and foremost, beware of the curse of history and never forget it when you give your opinion."

The thesis of the official policy of the two Albanian states for a supposed Albanian unification within the European Union, is nothing else but another fraud, the latest of deceptions. United Albania strengthens the European Union, just as it was strengthened by the German unification, and integration within the EU can in no way be compensation for the disunity of Albanians. If we don't enter the EU as a united national state, then our entrance as a nation divided in six parts is a risk of the continuation of assimilation and discrimination of Albanians outside administrative Albania, and in turn the contraction of the space of Albanian territories will continue. The integration of Albanians, divided as we are today, presents a risk to the European Union, whereas the integration of Albanians united in one state - United Albania contributes to long-term regional peace and stability and gives meaning to European integration.

The European Union, to deny the Albanians their right to unification, use the reasoning that in the EU the nation and state borders would carry no weight! If it is true that state borders carry no weight, why aren't the injustices against the Albanians which the international community themselves have acknowledged as historically true, corrected?

The idea of "national unification" within the EU is neither a realization of Albanian national aspirations nor a realization of the legal act of the Assembly of Vlorë on the 28th of November 1912, but on the contrary it is a misleading modern demagogic idea in opposition to the Constitution of the Republic of Albania.

Such a union, where a nation is divided in six states, cannot be considered unification. On the contrary, it seals the errors of 1913 and upholds them as official.

UNITED ALBANIA IS AN OFFER FOR PEACE

"The unification of Albanians does not threaten, nor risks the Balkans, but rather strengthens peace and stability"
- Prof. Dr. Noel Malcolm

The Albanian national project for United Albania is an offer of peace of the Albanian nation directed at our chauvinistic neighbors. United Albania is the opposite of the criminal genocidal projects of these incendiary countries.

United Albania, affects neither peace nor stability in the region and beyond, but rather constitutes an additional guarantee for their conservation and ensures the stable development of friendly relations between states of the region. United Albania is offering to create peace and sustainable stability for European integration, this troubled part of Europe. United Albania is a project for peace that the Albanians are offering to their neighbors. United Albania is fully compatible with the philosophy of the European integration process and paves the way for European integration for the neighboring countries and their liberation from their murderous past.

UNITED ALBANIA ABOVE ALL

It is high time for national aspirations for unification which must prevail over partisan and clan interests. When there is a full cooling of emotions, an all-Albanian agreement on a strategy for the settlement of the colonial issue of Albanian territories must be found and implemented. It is time that national policy is finally commanded by national interests. National liberty and the driving force for a free and united Albania exist beyond the borders that keep the Albanians splintered and divided. United Albania stands above all else, and we who maintain this purpose are only the servants of the livelihood of United Albania.

For the time being, in order to break the status-quo that has gripped Albanian policy in all spaces of United Albania, a strategy above partisan interests' instrumental in the materialization of a United Albania is essential. An all-inclusive political program of all parties and national movements is necessary because the current situation in its own dimensions cannot be sustained further.

The unavoidable process of perpetuation of an Albanian national state – United Albania requires nationwide political unity regardless of religion, province, or ideology. United Albania is a necessity of the times, and as the only alternative for the fulfillment of national objectives, it is directly related to a healthy all-Albanian political organization. The need for national unity is imperative due to the historical circumstances in which we live and the historical responsibility that we carry on our shoulders. In these circumstances, when the chance of realizing and achieving our national objectives are within reach and more attainable than ever, the tendencies of Greco-Slavic intelligence services to instigate and promote rifts among Albanians have but one goal, to sabotage the settlement of the Albanian national issue.

UNITED ALBANIA IS A FUNDAMENTAL PREMISE FOR THE TRUE FREEDOM OF NEIGHBORING COUNTRIES

A United Albania will be the only guarantor of all national rights and freedoms for Albanians. Otherwise, fragmented as we are today, tomorrow we will be estranged.

The continuous racist calls for genocide against Albanians, such as: "A good Albanian is a dead Albanian", "Kill, kill the Albanians", and "Kill, massacre, so that the Albanian does not exist", show the true mentality of these peoples and their institutions. "Look at them, they are called Albanians; we will make shoelaces out of their intestines" – "Our shoes will be made out of their skins". These are words used to this day, by Greek Army soldiers who would sing as part of their daily exercises. This fascist hatred is not only orchestrated by a renegade platoon, or a hooligan fan club or political party of a neighboring country, but also by the state institutions of all states neighboring Albania. This is a pathological kind of threat from neighboring states whom thus far have failed to reach a high degree of civilization. All this genocidal hatred against Albanians is embedded deep in the state policy of neighboring states, which has been proved every time they had the chance; for us to remember the centuries of murders, deportations, massacres and genocide against Albanians. It then becomes clear that this is another reason for the unification of Albanians into a single national state.

Certainly neighboring states have institutionalized this anti-Albanian rancor starting from their school textbooks, by the treatment of Albanian students at their schools, at their state administration levels, all the way to their army. These circumstances have compelled the Albanian people to look again and reassess who are their true neighbors. The public display of hatred is only but a small and apparent symptom that has gripped all the neighboring states, whereas the other unseen methods displaying their common goal to exterminate the Albanians is hidden. The only way to defeat this genocidal goal of theirs, and to deliver them from this evil disease, is the liberation of Albanian lands and their unification into a single Albanian national state – United Albania, a state which will once and for all create a needed balance politically, economically, and militarily, to prevent Slavic-Greek plans for eradication of the Albanians. Nevertheless, Albanians of United Albania will continue to treat their neighbors, i.e. the people, not the states and their agents, with hospitality, Besa, and amicability, as Albanians have done throughout the centuries.

UNITED ALBANIA PROHIBITS THE CONTRACTION OF ALBANIAN TERRITORIES

Hegemonic policies of neighboring Slavic-Greek states (invaders of Albanian lands), compel us Albanians to be united in one state, to prevent further contraction of our territories.

The realization of our national aspirations for national unity is the only guarantor that brings unimaginably positive changes for Albanians, in both the economic and political spheres. The union of Albanians in a single Albanian national state (United Albania) prevents the exodus of the brains of the nation (the Albanian youth) toward western countries, a saddening trend which has gone uninterrupted to this day. At the same time, United Albania offers comprehensively versatile economic development, freedom and permanent national security, and beyond all other, economic and political priorities, United Albania is a realization of the legal act of the 28th of November 1912 in Vlora, for a free Albania, united and independent. United Albania is a matter in full accordance with the will of the Albanian people for integration into the European Union, but only after internal integration, namely the unification of all Albanian lands in a single national state, as an undeniable guarantor of the protection and preservation of national identity and Albanian territories from our fascist neighbors.

United Albania is necessary in the prevention of other wars from hegemonic neighbors, which have as their goal the further partitioning of Albanian territories and the denationalization of the autochthonous Albania nation. An Albania with its territory and population divided in six parts, with Ilirida, Eastern Kosova, the Great Highlands and Chameria under the barbarous occupation of Slavic and Greek chauvinists and their ceaseless appetite for further re-fragmentation of Albanian territories, is not and cannot be a preferable place for integration into the European Union. The experience so far for the territories still occupied and divided (Albanian Macedonia, Eastern Kosova, the Great Highlands and Chameria) testifies daily to the fact that, without their full liberation and reunification with the mother-country Albania, the collective discrimination and annihilation of the autochthonous Albanian population will not cease. So, without the union of the occupied territories with administrative Albania, there is no peace in the region, but only a delay of the future ignition of another war.

Every obstacle from the Albanian political factor is in complete contradiction with the Albanian national interests and poses significant risks for the further contraction of occupied territories. Only a United Albania is a candidate country eligible for the European Union and is more than necessary to ensure permanent economic and political stability in the Illyrian Peninsula. United Albania is a historic obligation to correct the injustices of 1913 and to guarantee the freedoms of 2015 of the European Union. The current policy of the European Union against the national unity of the Albanians is completely contrary to the long-term security interests in the Illyrian Peninsula, and represents a continuation of injustices toward an Albanian nation. In other words, the obstruction of a United Albania is unacceptable, it is anti-democratic and anti-European, and above all it is inhumane.

National unification in its autochthonous entirety guarantees strong economic development. Enormous expenditures enormous in budget and administration will be cut in half for the benefit of the annual budget. Budgetary salaries will be improved. Income from small, medium and large businesses will increase. The economy, culture, education, and tourism will develop and prevent illegal departures towards the European Union. United Albania also provides advantages in the most efficient uses of the abundance of natural blessings: seas, forests and other natural assets and resources. United Albania would also provide a positive space for the diaspora to return and invest their sweat shed in exile. Citizens of United Albania will return to a normal life, toward work that will be more economic and cultural in essence, and less political. United Albania is the only alternative of development for the Albanian nation with real, social, economic, political, democratic, health, educational and cultural vision. The unification of Albanians into one state will return optimism, strong economic development, national security and protection, and a European perspective.

United Albania will extinguish any neighborly conflict in the Illyrian Peninsula. Neighboring Slavic-Greek appetites for Albanian seas, lands, fields and mountains would end once and for all. With the revitalization of United Albania, the hegemonic appetites of pan-slavism for Greater Serbia and Megali Idea for Greater Greece will fade.

Finally, for as long as the European Union prevents the unification of the Albanian nation into a national state, the unresolved Albanian issue will be a tinderbox that will continuously explode until its final resolution.

ONE NATION, ONE STATE – UNITED ALBANIA

"Life is short, but the truth liveth long and reacheth far."
- Shakespeare

The process of the realization of United Albania is nothing other than the oneness of the national border with that of the state, from one nation in several states, to "One Nation, One State". As a result of this, the materialization and implementation of United Albania signifies the realization of other aims such as "one nation one flag", "one nation, one government", "one nation, one army", "one nation, one economy", "one nation, one national team", "one nation, one stance", "one nation, one currency", "one nation, one passport" and so on and so forth.

The implementation of the Albanian national state requires the creation of a supra-partisan strategy to instrumentalise the goal for United Albania, as the political program of all Albanian parties and movements, without exception.

Albanian political parties, without distinction should understand that United Albania, as the ultimate goal and aspiration is an essential national, constitutional, moral and obligation. The national line for the implementation of United Albania does not allow for half or quarter patriotism. At the national cause, you are 100% for the implementation of national aspiration for United Albania, or you are against it, there is no middle solution. All political parties are obliged to serve the national interests and the will of the majority, otherwise their existence is useless and meaningless. It is time that Albanian politicians to think beyond current personal and party benefits and leave their chair of shame and move forward for the implementation of United Albania.

If this is not taken seriously or not achieved, then to realize the idea of the United Albania, on power should come missionaries of implementation of the United Albania, who think and act nationally.

The single layer of society that does not benefit from the unification of Albanians in a nation-state is that of the political scene, which sees United Albania as a threat to their posts of shame, for reasons of personal, party and clannish gains. Albanian political parties have been transformed into profitable corporations which neglect the national interests of the Albanian nation.

THE FACTORS THAT THREATEN UNITED ALBANIA

The main factor currently delaying the implementation of United Albania are the Albanian political parties, that do not yet have as the main aim of their political platform, the national aspiration for an Albanian national state – United Albania. Albanian political leadership, seeing their seat in power as something eternal, represent an obstacle to the inevitable process of the making of United Albania. Every leader has a certain period of time within which he can give his contribution to the issues of that period, but must keep in mind that in a democracy, power is not eternal. Albanian politicians therefore need to understand this, and after one or two mandates should open the way to new staff, who would bring a fresh and renewed energy to the political scene. Also, the political parties currently in power have achieved a kind of silent invasion of a certain stratum of intellectuals, whom have defended the government, contrary to the values and ethics of the respective professions to which they belong.

The Albanian political class, which is currently confused, terribly thirsty for power and servile in relation to the international community and neighboring countries (occupiers of Albanian territories) is a serious obstacle to the implementation of United Albania.

One of the most fatal factors that has severely damaged the position of Albanians in the occupied territories of Albania, is the proportion of political power in the dozens of Albanian political parties and the non-existence of a joint coalition, whose priority would be solving the problems of Albanians in the areas where they operate. In a country like the United States or Canada, there are three, possibly four parties with political weight, whereas in Northeast Albania (Presheva Valley) for example, there exists dozens of Albanian political parties. For such a small area compared to these states, this phenomenon constitutes an absurdity that significantly and visibly harms the position of the Albanians!

The silence of the internal factor toward historic injustices and their forgetfulness of the genocides committed by neighboring states against the Albanian nation, the blind faith of the political class, citizens non-reaction to the insults of the continued conquering neighbors and often of the international community, excessive reliance and belief in the anti-Albanian thesis of the unification of Albanians within the European Union and compliance with the current political situation of Albanian territories represent a serious obstacle for the long-term stability and well-being of the Albanian nation.

The lack of options for work and life safety, endless transitional phase and the various factors socio-economic risk that young Albanians gradually leave the country, fleeing towards the European Union. Displacements from home and low birth rate trends directly endanger the percentage of the Albanian population as a whole.

The efforts and struggle of the Albanians in Kosova for liberation and reunification with Albania, was the effort and aspiration to consolidate the nation-state of Albanians declared on November 28, 1912, but that was denied by the London Conference (1913) and the Paris (1919), and never an attempt to create a "Kosovar" nation or "Kosovar" language. In this regard, Kosova's declaration of independence on 17 February 2008, as a temporary phase, is in the service of the ultimate goal for the consolidation of the national state of Albanians - United Albania. The tendency of Yugo-nostalgic pan Slavic invention of the "Kosovar" nation, the "Kosovar" language, "Kosovar" flag etc. etc. are a continuation of the pan Slavic project for the final partition of the Albanian nation and as such, as well as earlier and now it must be thrown down by the Albanians living in Kosova. The tendency of creating a "Kosovar" nation is the tendency for the alienation of Albanians and on this basis it is a diversion of century old aspiration for national unification of Albanians, as it is enshrined in the Constitution of the Republic of Albania.

Our energy and political potential should be directed right in the service of implementation of the United Albania and ultimately, we should say stop to the backward investment of our energy and national potential in the service of foreign nations and ideologies, which are often on the contrary to the national interests in Albania. Therefore, The Platform for United Albania, in implementation of the Albanian national state sees no value in politicians and personalities of Albanian origin or ethnicity who served in the highest levels of the hierarchy of foreign countries or those who today serve foreign ideologies. The Platform for United Albania values only those who serve the Albanian nation and implementation of the United Albania. It's time to say no to the service of foreign countries and ideologies, and to build our own house: United Albania. While there is not an Albanian national state; United Albania, the Albanian contribution to others is misleading.

NORTHERN ALBANIA: REPUBLIC OF KOSOVA

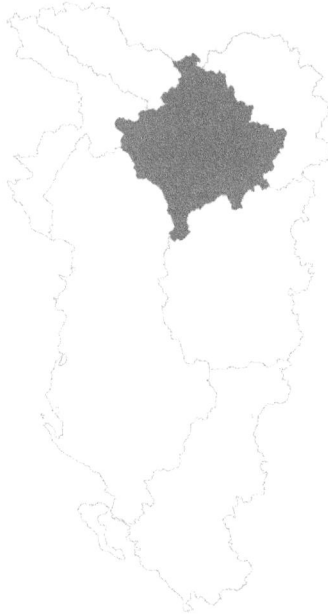

On June 12th 1999, Northern Albania (Kosova) finally was liberated from the Serbian occupiers. On February 17th of 2008, the Assembly of Kosova through a declaration proclaimed Kosova an independent and democratic State. With the declaration of an independent state of Kosova were established new political and legal circumstances.

On July 22nd of 2010, the International Court gave an advisory opinion on the legality of Kosova's declaration of independence. During his speech, President of the Court Hiasashi Owada said the declaration of independence of Kosova on 17 February 2008 did not violate international law.

The political circumstances dictated to us to achieve the ultimate goal it is necessary to pass through several interim stages, but to never lose view of the ultimate goal. Temporary solutions, can not be a permanent solution, yet should be at its service. The ultimate goal is the realization legal act of November 28 for a single Albanian national state – United Albania.

The war of the KLA and the intervention of NATO finally removed the colonialist Serbia from Kosova. Finally, even though Kosova still has not fully gained its subjectivity state, today it is an independent state recognized by most member states of the United Nations.

In this new international reality, Kosova's independence has increased the level of peace and security in the region, despite the speculation of Slavic circles, thus the unification of Kosova with the motherland - Albania will also serve regional peace and stability. Albanian national issue still remains unresolved, therefore Kosova's declaration of independence was only a first step toward the ultimate goal.

The unification of Kosova with Albania, would forever end the aspiration and claims of Serbia, to reoccupy Kosova. This risk is shown also on the Constitution of Serbia, still in power, where it states that: "Kosova is an inseparable part of Serbia"[50]. As long as the Constitution of Serbia, has this article sanctioned, the Republic of Kosova is constantly threatened from colonial and hegemonic Serbia. To not leave anything to circumstances, the chief executives of the Republic of Albania and the Republic of Kosova in coordination with our strategic ally, the United States of America, must provide the necessary constitutional changes to Kosova, to allow the realization of the democratic referendum for the unification of Kosova with Albania.

The unification of Kosova and Albania, as the initial stage towards implementation of the United Albania is in full compliance with European integration, which is basically a

---

[50] http://www.refworld.org/docid/4b5579202.html

union of independent states, which are reluctant to give up their sovereignty, in order to create a classic federal state.

In this regard, the German Constitutional Court and the French Constitutional Council in dealing with the issue of the constitutionality of the Treaty of Maastricht, have highlighted as constitutional standards for acceptance of legal norms of the European Union in the internal system, the preservation of national identity and constitutions of these countries. The same assertiveness was also held by the RA Constitutional Court in its decision No. 16 dated 06.03.1998 on the question of acceptance of the norms of international law.

The establishment of full sovereignty throughout the entire territory of the common Albanian state and the rule of law are the main pillars for the safety and welfare of all citizens of the joint Albanian state, regardless.

Given that the unification of Kosova with Albania will cut in half the administrational costs, then those remaining funds have to go into a special fund for the vulnerable areas of the occupied territories of the United Albania.

EASTERN ALBANIA: ALBANIAN TERRITORIES UNDER SLAVO-MACEDONIAN OCCUPATION

The Ohrid Agreement was a great sacrificial compromise for the Albanians, sparing FYROM from dissolution, whereas its non-implementation on the part of the Slavo-Macedonians has buried this artificial creation.

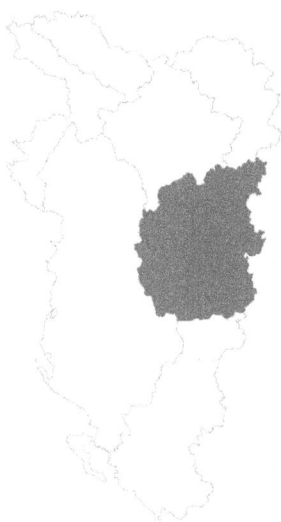

On the 13th of August 2001, in the city of Ohrid in the Former Yugoslav Republic of Macedonia, an agreement ending the armed conflict there was signed and seen as a "guarantee" of interethnic coexistence between the autochthonous Albanians and the Slavo-Macedonian settlers.

The agreement is built on five basic principles, accompanied by constitutional changes, which confirmed a multi-ethnic "Macedonian" society and where it is sanctioned that the Albanians are a state-forming ethnicity.

The framework agreement aimed at developing a peaceful and harmonious "Macedonian" society while at the same time respecting ethnic identity and the interests of all citizens of Macedonia.

This was guaranteed through its contents, where decentralization was one of the main points, since it ensures their governance from the largest community of the population they constitute. "The Ohrid Agreement obliges the central government authorities to ensure fair representation and non-discrimination." This point of the agreement reflected in law requires that employment in public administration should ensure equitable representation of communities in all central and local public bodies and at all levels of employment within such bodies.

Representation in the Constitutional Court is required to be based on the proportion of representation in the assembly according to ethnicity.

Through the Ohrid Agreement the Albanians are "guaranteed" the right to the use of the Albanian language, alongside the Slavo-Macedonian language, as well as the use of national symbols.

The Ohrid Agreement was a legal contract, the chapters of which envisage concrete deadlines for their realization. The Albanians there, the Albanian political factor, international relations, representatives of western countries, and the media have continously denounced that none of the commitments previously undertaken have been completely realized.

Employment, representation in institutions, local government, language and national symbols, and even less so the prohibition of discrimination, have not been achieved nor even satisfactorily met. Therefore, this agreement that has degraded the war of 2001 of the National Liberation Army, from their goal of national liberation and reunification, to that of rights within the artificial creation of FYROM, can now officially be declared the dead Agreement, dead as the artificial state of FYROM itself.

A decade after the signing of the Ohrid Agreement, which ended the war between the National Liberation Army and the invading Slavo-Macedonian military and police forces, the artificial FYROM has not ceased its repressive policies against the autochthonous Albanians. It continues to treat the Albanians as unequal citizens, as a minority instead of as a state-forming nation, denying their official use of the Albanian language. FYROM continues to avoid decentralization, there is still inadequate representation in state institutions and there has been no resolution of the status of categorization of the war of the NLA. Systematic Slavo-Macedonian violence and terror against the Albanians is state policy, this is now repeatedly proven, just as it has been evident in recent years with processes and cases mounted against former soldiers of the National Liberation Army.

The only just settlement of the Albanian issue under the occupation of the artificial FYROM is the right to self-determination, liberation from occupation and reunification with the mother country–Albania. Any other solution would be temporary and in complete contradiction with the political will of the Albanians. Ilirida (Eastern Albania) is an inseparable part of United Albania.

Eastern Albania requires a separate treatment. Joint investment nationwide, with economic stimulus projects will lead to the acquisition and deployment of the Albanian-majority government in FYROM and its union with Albania. The preservation of the population displacement and the promotion of higher education must be made through nationwide investment projects.

The joint Albanian state through the Fund for Endangered Areas of Albania should stimulate a return to identity and origin under of the FYROM Orthodox Albanians, who are numerous in the province of Reka and on both sides of Lake Ohri.

The partition of FYROM, is another way of returning Albanian territory, but it would necessarily mean ethnic divisions according to the current population statistics, which are manipulated by Slav Macedonians in power and thus will lead to the loss of some Albanian settlements.

NORTH-EASTERN ALBANIA: ALBANIAN TERRITORIES UNDER SERBIAN OCCUPATION

"In the struggle for freedom some mighty fall, but the people win, as people suffers in captivity wins a tyrant"
- Mirsad Kuteli

North-Eastern Albania is a compact Albanian territory. Presheva, Medvegja and Bujanoc was unfairly separated from Kosova in 1945. The purpose of this division was the fragmentation of the Albanian truncation and the defactorization, both in the political and national levels. Serbia has repeatedly used and still uses an invading policy of suppression against the indigenous Albanians.

For the first time the Albanian population of Presheva, Medvegja and Bujanoc, on 1 and 2 March 1992 publicly declared its political will. The Referendum all Albanians for these three municipalities of Presheva, Medvegja and Bujanoc provide policy options for resolving the status of Albanians in the Albanian territory. 46,000 went to the polls on voters and 98% of the population voted for territorial autonomy with the right of union with Kosova.

Circumstances in postwar Kosova enabled the emergence of the Liberation Army of Presheva, Medvegja and Bujanoc. The Liberation Army of Presheva, Medvegja and Bujanoc war against Serb occupiers achieved the internationalization of the Albanian question in this geographical area, but it remains an unfinished uprising.

The fragmentation of the vote of Albanians of Presheva, Medvegja and Bujanoc is incredibly harmful and anti-Albanian policy which serves Serbia. The issue of the three Albanian municipalities will remain the most complex issue in the future for our nation and will be addressed in the elaboration of "The Platform for United Albania" where they will find ways and means to address the final status of the Albanian territory in favor of the Albanian issue.

The Sanjak of Nish and the region of Toplica

Until the end of the nineteenth century Albanians were present in most cities, towns and villages of Sanjak of Nish and beyond, mainly they were concentrated in the district of Toplica (district of Prokuple, Dobriq, Kosanica and part of Jablanica and Pustarek with Kurshumli) district of Vranje (parts of District Pustareka and Jablanica, District of Leskoc, Polanicë, Gërdelicë, Masuricë, Pqinjë and other areas), as well as in the Nish region, some even in the region of Pirot. Albanian resided even in Qupri, Paraqin, Uzhicë, Krushec, Aleksincë, Kraljevë all the way to Belgrade. The Sanjak of Nish belonged to Kosova Vilayet, and was inhabited by autochthonous Albanians.

The expansionist Serbia in the sight of the Great Powers and with their blessing, and with the support of Russia, began the implementation of the Serb panslavic project "Nacertanije", drafted by Serbian Foreign Minister Ilija Garashinin for the expulsion of Albanians from the Sanjak of Nish, to open the path towards other Albanian territories. This program was developed in 1844. Serbia, through organized violence and state terror, committed genocide and ethnic cleansing on over 700 Albanian settlements and over 300.000 Albanians, who then lived in their ethnic lands, the size of the current territory of Kosova. On March 2, 1865 Knjaz Mihajl issued the law colonization of the occupied territories.

The violent cleansing of the Albanian ethnic space massively occurred after the Congress of Berlin in 1878, and it continued until the declaration of independence of Albania in 1912, when the bulk of the Albanian population of the Sanjak of Nish and the region of Toplica was expelled from their ancestral lands. In the legitimate properties of expelled Albanians, Serbs and Montenegrins loyal to the Serbian regime were settled, while the expelled Albanian population was mainly settled on the territory of today's Kosova, in the territory of Ilirida (FYROM), while the rest continued towards Bulgaria, where city Qystendili in January 1878, packed full of refugees, in miserable conditions; without food, naked and frozen by winter frost that year. This, is clearly proven by the teacher of that time Josip H Kostic: "...the frost and cold winter great year 1877-1878 saw people running away naked and barefoot who had abandoned their warm rooms with full screed ... Along the way Gërdelicë-Vranje and to Kumanova, on both sides of the road were seen corpses of children, the elderly and others who had died of exposure." Albanian territories experienced a great tragedy and reduction of its geographical area.

Serbia should be sued for genocide and ethnic cleansing in The Hague, which should enable the Albanian inhabitants of this territory: the recognition and condemnation of Serbia's state genocide against the autochthonous Albanians, the right to return to their properties, compensation for extraction of property for over a century and finally, to recognize the legitimate right for decolonization of the North-Eastern Albania.

NORTH-WESTERN ALBANIA: ALBANIAN TERRITORIES UNDER MONTENEGRIN OCCUPATION

Albanians under the barbarous occupation of Montenegro are an inseparable, natural and homogeneous part of the Albanian nation, unfairly divided from the trunk of their mother country - Albania. This unfair division from their mother country cost the Albanians dearly, and even to this day the anti-Albanian government of Montenegro, in full continuity with previous Yugoslav-Serbo-Montenegrin governments, continues to endanger the Albanian national existence in this Albanian region through the processes of assimilation, denationalization, colonization and state institutional discrimination.

Continuous Montenegrin violence, pressure and assimilation against the Albanians of this region represent one of the silent genocides in Europe, with the ultimate goal of changing its ethnic structure and its colonization with a Slavic population. Since the time that this Albanian region was occupied by Montenegrin chauvinists, with the help of the Great Powers and Russia, the Albanian people of this region faced violence, punishment, sentencing and imprisonment, suffering, torture, murders, ethnic cleansing and genocide. The history of old and new, of the Albanian people under the conquering rule of invading Montenegrin criminal hordes, is that of an unfairly and unjustly oppressed people, for the sole reason that the Albanians were not Slavs.

Albanians in Montenegro have never been regarded as citizens of the Montenegrin state but always as foreigners. The Montenegrin criminal government continues to rip and rob all the natural resources of this Albanian region, whereas to the Albanians they offer and provide misery, poverty and great economic backwardness, the sole purpose being the Albanian abandonment of the region, in order to silently achieve the Slavicization of Albanian ancestral lands. The occupying invader state of Montenegro, denying the Albanians the right to equal representation in local governance, has violated the International Covenant on Civil and Political Rights, the European Charter on the Rights of Ethnic Peoples, and other International and European laws for protection of the rights of minorities. Considering these violations of human rights, Montenegro must begin, as soon as possible, to respect all the rights guaranteed by international conventions and stop all discriminatory policies against the autochthonous Albanians. The invasive Montenegro must urgently recognize the legitimate, constitutional and democratic right for the formation of an Independent Municipality based in Tuzi, with all levels of local government and the return of the territory that this municipality had. At the same time, the Montenegrin state must prohibit all state policies of discrimination against the Albanians. Montenegrin state terror against the indigenous

Albanians must immediately cease. The Montenegrin state must guarantee all national and fundamental rights, including the free use of the Albanian national flag, education in the Albanian language, the allowance of the use of textbooks from Albania and Kosova, and the guarantee of mandates for Albanians on state and local levels.

To recognize the rights of Albanians who live and work in the Diaspora, such as the right to vote, the right to organize social, political and economic life, to regionalize the Albanian territory with a high degree of autonomy where the stored values of the indigenous Albanian until the final phase to self-determination on the basis of the principle of self-determination for peoples to decolonization. The Movement for United Albania does not recognizes and does not agree with the occupation of Albanian lands such as Ulqin, Ana Malit, Tivar, Malësia , Plavë, Guci, Rozhaj and Sanxhak therefore is committed for the preparation for its final status, according to the right for self-determination and the rights of decolonization.

The Albanians have to organize active resistance against the savage and barbaric regime for national rights by creating a common platform of action to overcome this unbearable situation prison like and continue the sole and legitimate road towards reunion with motherland - Albania.

Sanjak of Tregu i Ri (Novi Pazar)

Sanjak of Tregu i Ri consists of the following municipalities: Tregu i Ri (Novi Pazar), Tutin, Senica, Parafusha (Prijepolje), Varoshi i Ri (Nova Varos), Fushë Bardhi (Bijelo Polje), Rozhaja, Plava, Plema (Pljevlja) and Berani. After the Declaration of Independence of Albania in 1912th, the Albanian lands were separated. Like many other Albanian territories, the Sanjak of Tregu i Ri remained under Serb occupation. The authorities have continually treated it as war swag, by exercising violence and terror over the Albanians, through forced displacement of autochthonous Albanians and colonization of the territory by the Serbian government, the occupying authorities were interested to change the ethnic structure of this Albanian territory. The lack of Albanian schools, mixed marriages with Bosnian population, massacres and deportations, forcible assimilation of Yugoslavia negatively affected the Albanian territory.

The Albanians of Sanjak of Tregu i Ri should be encouraged to learn the Albanian language, learn their national history, to not collapse by the attempted assimilation by chauvinist nationalist Serbs, and eventually return to their Albanian roots. Removing the Slavic suffix is a right step off from assimilation process and return to identity.

The status of this part should be treated together as part of North-Western Albania and to recognize the legitimate right for decolonization of the North-Western Albania.

SOUTHERN ALBANIA: THE CHAM ISSUE - ALBANIAN TERRITORIES UNDER GREEK OCCUPATION

Strabo and Herodotus, notknowing of the language of the neighboring tribes which differed completely from Greek, called the inhabitants north of Ambracia, "Pelasgians or Barbarians". To differentiate the Greeks from other nations they used this formula: "Whoever is not Greek, is barbarian". The joint thesis that we find with Strabo, Ptolemy and Thucydides is: "Chameria in ancient times was inhabited by Thesprotian, Molossian and Chaonian tribes, which by the ancient Greeks were called barbaric tribes, because they did not speak Greek." In the "Dictionary of Classical Antiquities", in the article about Korkyra (Corfu), it becomes apparent that the island was originally inhabited by Illyrians. A work of the well-known Swedish researcher Martin P. Nilsson, published in London 1909, titled "Studies on the History of Ancient Epirus" (Studien zur Geschichte des alten Epeiros), clarifies most clearly that Epirus was never Greek, this region preserved its own unchanged Illyrian nature. In the tenth century of the common era, Byzantine Emperor Leo VI, surnamed the Wise, in one of his books mentions the fact that "the inhabitants of Epirus are Albanian".

French diplomat, archaeologist and historian François Pouqueville (1770-1838), known as a prominent architect of the Philhellenism movement throughout Europe, writes about "Pyrrhus and Thesprotia which are not Greek", and also provides ample ethnographic and archaeological evidence for Cham Albanian autochthony ("Travels in Greece" vol.1 p.98).

English antiquarian and topographer William Martin Leake (1777-1860), states in pg. 257 of his book "Researches in Greece" published in London 1814, "The Tzami [Chams] occupy all the region south of the river Kalama, anciently called Thyamis, and it may perhaps be conjectured, that it is from an alteration of the latter name, that the Chams have derived their appellation. The country is called Dai by the Albanians, and it extends almost as far inland as the plains around Ioannina. The chief places are Suli, Paramithia, Luarati, Margariti, Parga and Agia".

The Great Greek Encyclopedia, volume 15 page 405, proves that the Chams are the first inhabitants of Thesprotia, and gives notice that the name Cham derives from Thyamis (today Kalamas). From a linguistic perspective it is admitted that in two-thirds of the territory of Chameria, although divided into Christian and Muslim, Albanian is spoken, a special Albanian dialect. Various researchers, consuls and travelers that visited Albania in the 19th century such as Pouqueville, Leake, Lear, Dozon, Berard, etc., found that the people of Chameria, a territory that extends between the Kalamas River, the Gulf of Arta and up to Preveza, is populated by the autochthonous Albanians.

The region of Epirus was ethnically Albanian since ancient times. The Cham issue was born with the decision of the London Conference in 1913, which severed this Albanian territory and assigned it to Greece. From this time on began a continuous pressure, a systematic policy of the Greek state and various ultra-nationalist forces to denationalize this Albanian territory. In 1913, the bands of Delijanakis, aided and abetted by the Greek state authorities, massacred 72 heads of the Paramithia province at Përroi i Selanit (Selan stream). This massacre marked the beginning of the process of extermination of the Albanians of Chameria.

In the years 1914-1921, under the pretext of disarmament of the Albanian population of Chameria by the Greek authorities, persecution, imprisonment, deportation, tortures, plunder and looting took place against the populace. For this operation all methods were used, from heavy taxation, land-grabbing reforms, the exclusion of people from participating in public administration, forced prohibition of education in the mother tongue, even in primary schools, murder, heavy sentencing, imprisonment, violent punishment, to bloody massacres. The barbarous Greek massacres and plunder of Cham Albanians and their territories occurred not only in the Balkan Wars and the First World War, but throughout the century, including WWII and thereafter.

Under the Metaxas Regime (1936-1941), Chams were prohibited from using their own language outside of their home and anti-Albanian and religious propaganda were in full effect.

During this time the agreement is signed for Greek-Turkish population exchange of Cham Muslim and Greek population, Cham Muslim population is sent to Turkey and the Greek population of Turkey is se.t to Cham properties and from here begins the change of ethnic structure of Chameria.

During World War II, the Chams were persecuted in "retaliation" for their alleged collaboration with the Axis powers. In the aftermath of World War II, the continued persecution of the Chams forced most of them to flee to Albania, Turkey, and the United States. Those who remained faced heavy assimilation practices.

The Cham issue is recorded in documents of the League of Nations, the British Military Mission, and various other diplomatic missions from 1913 to the 1940's and afterward. English historian and journalist, Sir Noel Robert Malcolm states, "The fate of the Cham Albanians is one of modern European history's darker secrets."

According to the US State Department Documents No. 84 / 3, Tirana Mission 1945-46, it is written: "Based on all the information I could gather on the Cham issue, in 1944 and the first months of 1945 the authorities in western Greece, carried out brutal massacres and forcibly evicted more than 25,000 Chams, inhabitants of Chameria from their houses as where they had lived for centuries and were thrown out of the border, after they had seized their lands and assets. Most of those killed were children and old people".

The infamous Greek General Napoleon Zervas wrote with his bloodied hand, in a letter sent in 1953 to his former collaborator, Jani Dani: "We should feel proud that we cleaned Chameria by killing and evicting the Cham Albanians, who for over 500 years stood on the neck of Hellenism and enabled our mountaineers to settle down and live in the fertile fields."

Even today, in the territories of Chameria one could detect traces of the crime, the properties that expect the owners to return, the land bleeding the blood of its children, pregnant women, old men and women, who for centuries survived the state slavery and extermination by the Greek occupiers.

Chameria should be treated with a special status, neutral towards Greece and international protectorate (3 to 5 years maximum), through which will be guaranteed:

- The return of the Albanian population in Chameria
- The recognition of dual citizenship
- The return of property
- Compensation for the use of property
- Recognition of the genocide against the Chams
- The organization of power and administration in Albanian, as an official language
- Opening and financing of education in the Albanian language on all levels and the preparation for the final status, based on the principles of the right to self-determination and decolonization.
- The joint Albanian state through the Fund for Endangered Areas of Albania should stimulate a return to identity and origin under of the Orthodox Cham Albanians, who are numerous in the province of Preveza and Filat.

THE DIASPORA AND THE ALBANIAN COLONIES ABROAD

The Albanian Diaspora and early Albanian colonies throughout the history have contributed undeniable efforts of the Albanian people for the development of education and culture, raising awareness of national liberation of the country from slavery, protection from fragmentation and unification of Albania, as well as all other relevant processes.

The creation of appropriate policies with Albanian Diaspora has a special significance for promoting economic growth and reducing macroeconomic imbalances. Through the implementation of such policies, the Diaspora could contribute effectively to the establishment of financial and human capital, economic growth and the creation of new jobs. Administrative barriers, corruption and lack of rule of law are the biggest obstacles for potential diaspora investors.

The Platform for United Albania will have these goals for the diaspora:

1) Albanian Language Learning
2) Political representation in institutions
3) Organize its cultural associations
4) Supply of textbooks, magazines and newspapers
5) Economic cooperation and its relationship with the homeland

IN CLOSING

THE TRUTH is like hot water that emerges from the earth, it melts the snow and the ice around it, taking them forward with it as it increases in volume. As much as this water may freeze being constantly cooled, without the passage of much time it returns again to its original state, flowing water.
– Sami Frashëri

The Albanian nation lives divided today and this forceful division was never once accepted. Albanians, regardless of their residence, have expressed altogether their discontent against the historic injustices of the decisions of the London Conference (1912-1913), which partitioned Albanian territories, against the will of the autochthonous Albanians.

The democracy in which we pretend to live, allows the freedom of expression of views and political ideas.

"The Platform for United Albania" aims for the centuries-old natural aspiration of the Albanian nation, to live free and united in a single national state – United Albania, to be implemented as an active official platform of Albanian state institutions, which is to then be accompanied by concrete actions for its implementation.

United Albania and the Albanian nation are a key strategic element in the creation of an essential equilibrium in the Illyrian Peninsula, as a necessity of the time for the prevention of new bloodshed. Thus, United Albania is of geostrategic interest not only for the Albanians, but also for the European Union and the United States of America. The European Union and the United States of America need to ignore short-lived solutions that only temporarily close wounds. The project of the Albanian nation for United Albania offers a long-term solution, and it is a significant project for European economic development which guarantees the prosperity of peoples and understanding between them.

The Albanians were attacked, invaded, partitioned, killed and massacred by various invaders, throughout various periods in history in their own territories. Such a danger is present even to this day, from the neighboring countries erected on Albanian lands.

"The Platform for United Albania", in its unique political strategic plan, includes the main goal to unite the Albanian nation. This will be the last stage of a just settlement of the Albanian colonial issue. The unification of the Albanian nation implies the unification of Albanian territories, which have historical and geographical continuity with the Republic of Albania, based on the legal act of 28 November 1912 or the Albanian Declaration of Independence.

ALBANIA
28 November 1912

Treaty of London 1913
Traktati Londrës -1913

The Albanian territories
were divided between
Serbia, Monte Negro and Greece

ALBANIA after Treaty of London 1913

28.748 km²

88 000 km²

DECLARATION OF THE INDEPENDENCE OF ALBANIA

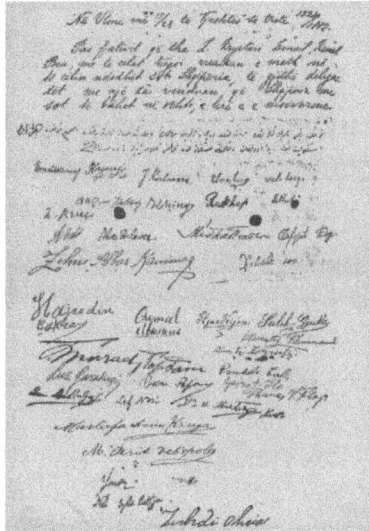

The assembly of eighty-three leaders meeting in Vlorë in November 1912 declared Albania an independent country and set up a provisional government. The complete text of the declaration, composed in Albanian and Turkish, was:

In Vlora, on the 15th/28th of November. That time the President was Ismail Kemal Bey, in which he spoke of the great perils facing Albania today, the delegates have all decided unanimously that Albania, as of today, should be on her own, free and independent.

The success of the Albanian Revolt of 1912 sent a strong signal to the neighboring countries that the Ottoman Empire was weak. The Kingdom of Serbia opposed the plan for an Albanian Vilayet, preferring a partition of the European territory of the Ottoman Empire among the four Balkan allies. Balkan allies planned the partition of the European territory of the Ottoman Empire among them and in the meantime the territory conquered during First Balkan War was agreed to have status of the Condominium. That was the reason for Ismail Qemali to organize All-Albanian Congress in Vlora.

Under these circumstances, delegates from all over Albania were gathered in the Assembly of Vlorë. Ismail Qemali returned to Albania with Austro-Hungarian support and, at the head of a swiftly convened national assembly, declared Albanian independence in the town of Vlora on 28 November 1912.

The Delegates of the National Assembly were:

Berat: Sami Bey Vrioni, Ilias Bey Vrioni, Taq Tutulani, Babë Dud Karbunara;
Gumenica: Veli Gërra;
Margëllëçi: Jakup Veseli;
Filati: Rexhep Demi;
Paramythia: Azis Tahir Ajdonati;
Delvina: Avni bej Delvina;
Dibra: Myfti Vehbi Dibra, Sherif Lëngu;
Durrës: Abaz Efendi Çelkupa, Mustafa Agë Hanxhiu, Jahja Ballhysa, Dom Nikollë Kaçorri;
Elbasan: Lef Nosi, Shefqet bej Daiu, Qemal bej Karaosmani, Dervish bej Biçaku;
Gjirokastra: Azis Efendi Gjirokastra, Elmaz Boçe, Veli Harxhi, Myfid bej Libohova, Petro Poga, Jani Papadhopulli, Hysen Hoxha;
Gramsh-Tomorricë: Ismail Qemali Gramshi (not to be confused with Ismail bej Qemal Vlora);
Janina: Kristo Meksi, Aristidh Ruci;
Korça: Pandeli Cale, Thanas Floqi, Spiro Ilo,

Kosova, Rrafshi i Dukagjinit, Plavë-Guci: Rexhep Mitrovica, Bedri bej Ipeku, Salih Gjuka, Mit'hat Bey Frashëri, Mehmet Pashë Dërralla, Isa Boletini, Riza bej Gjakova, Hajdin bej Draga, Dervish bej Ipeku, Zenel bej Begolli, Qerim Begolli;

Kruja: Mustafa Merlika-Kruja;

Lushnja: Qemal bej Mullai, Ferit bej Vokopola, Nebi Efendi Sefa;

Mat: Ahmet bej Zogolli, Riza bej Zogolli, Kurt Agë Kadiu;

Mallakastra: Hajredin bej Cakrani;

Ohri and Struga: Zyhdi bej Ohri, Dr. H. Myrtezai, Nuri Sojlliu, Hamdi bej Ohri, Mustafa Baruti, Dervish bej Hima;

Peqin: Mahmud Efendi Kaziu;

Përmet: Veli bej Këlcyra, Syrja bej Vlora;

Pogradec: Hajdar Blloshmi;

Shijak: Xhelal Deliallisi, Ymer bej Deliallisi, Ibrahim Efendiu;

Shkodra: Luigj Gurakuqi;

Skrapar: Xhelal bej Koprencka

Tepelena: Fehim bej Mezhgorani; Kristo Meksi; Aristidh Ruci;

Tirana: Abdi bej Toptani, Murat bej Toptani;

Vlora: Ismail Qemali, Zihni Abaz Kanina, Zyhdi Efendi Vlora, Aristidh Ruci, Qazim Kokoshi, Jani Minga, Eqerem bej Vlora;

Albanian colony of Bucharest: Dhimitër Zografi, Dhimitër Mborja, Dhimitër Berati, Dhimitër Ilo

THE CONSTITUTION OF THE REPUBLIC OF ALBANIA

We, the people of Albania, proud and aware of our history, with responsibility for the future, and with faith in God and/or other universal values, with determination to build a social and democratic state based on the rule of law, and to guarantee the fundamental human rights and freedoms, with a spirit of religious coexistence and tolerance, with a pledge to protect human dignity and personhood, as well as for the prosperity of the whole nation, for peace, well-being, culture and social solidarity, with *the centuries-old aspiration of the Albanian people for identity and national unification*, with a deep conviction that justice, peace, harmony and cooperation between nations are among the highest values of humanity,

We establish this Constitution:[51]

---

[51] http://www.osce.org/albania/41888?download=true

THE OATH OF THE LIBERATION ARMIES

"As a member of the Kosova Liberation Army, Liberation Army of Presheva, Medvegja and Bujanoc and the National Liberation Army, I pledge that I shall fight *for the liberation of the occupied territories of Albania and their unification*, that I shall always be loyal, worthy freedom fighter, alert, courageous and disciplined, ready at all times, without regard to my life, to fight in defense of the sacred interests of the Fatherland.

If I violate this oath, I am ready to be subjected to the harshest laws of war, and if I betray it, may my blood be forfeit.

I swear!"[52]

---

[52] https://vargmal.org/dan1912

MEMORANDUM OF TEMPORARY GOVERNMENT OF VLORA SENT TO THE LONDON CONFERENCE

January 2nd 1913

We, the signatories of this document and representatives of the Temporary Government of Albania, have the honor to present to the Conference of Ambassadors of the Great Powers in London the Albanian perspective on the recognition of Albanian legal claims.

It is already a historically accepted fact that the Albanian nation forms the most compact, homogenous and important ethnic group in the entire Balkan Peninsula. Its race and language, its customs and its character set it apart from other neighboring nations and give it the kind of individuality that helps Albanians oppose the efforts for their assimilation.

Albania could not follow Western nations in their admirable progress and civilization; the reasons for this backwardness should be sought among the unfavorable conditions of its development. But the energy with which Albanians tried to preserve their national character, as well as their obstinate patience in working towards their independence are sufficient proofs of their good will and ability to enjoy the path of civilization and enrichment together with other small nations.

The history of the Albanian nation is full of bloody battles in defense of its integrity. Throughout its existence, Albania has never entirely relinquished its independence. At different moments in its history Albania became part of several foreign states, but always the ideal of freedom remained untouchable and the occupation was only superficial. Therefore, now when important events are taking place in Balkan Peninsula, and the Balkan issue is raised once again, Albania feels entitled to claim here before other European states that besides the right to exist, it should also enjoy the right to progress in order and peace.

Of course it would be a bad expression of the Albanian national sentiment if we did not immediately share our deep gratefulness toward the Great Powers for supporting Albania's full independence.

The Albanian nation has suffered greatly under foreign occupation. We believe that it deserves to follow the Western nations, hoping that they will assist our country which seeks nothing but improvement.

Albania is resolute in its decision to become a factor for bringing balance and peace to the Balkan Peninsula. This, however, would be impossible without the full homogeneity of the Albanian nation (which has been jealously preserved for such a long time) within a political organism that is just, stable and enduring. This organism could only be sustained by full and absolute independence as this is the sole factor that can guarantee the elimination of any future obstacle that could ensue from the relics of foreign occupations.

We are convinced the Balkan Allies would not deny that their joined efforts in some aspects follow in the steps of the Albanian uprising and that their successes are also a result of the Albanian quest for freedom, a quest performed with courage and valor through continuous uprisings. If there is a need to show sacrifices, suffering and poverty as a condition for every mature nation to achieve the legitimate right to govern itself, Albanians could mention the barbarous treatment they have had to endure until recently.

Today, when the final solution for the Balkan question is widely presented, the Albanian nation will not support an empire that has partially sacrificed its rights and is building its future on uncertain ground. At the same time, the idea to "give the Balkans to the Balkan people" could be not conceived without just and humanitarian rules. It is therefore impossible to build full peace on the peninsula unless each political entity enjoys independence within its geographical and ethnographical borders. The seeds of discord and disorder will always be present when land inhabited primarily by an Albanian population is subjugated by a foreign state.

By expressing the point of view of the Albanian nation, which is represented almost entirely by our Temporary Government, we are not offering the Great Powers any ready solution. Knowing our rights yet honestly striving to help the European governments to find a fair and stable solution, acknowledging the discordances, yet inspired by the desire to maintain positive policies towards our Balkan neighbors, we declare that peace and calm will be implemented only when the Albanian nation enjoys a homogenous political configuration. For this reason, the Albanian nation demands an Albanian state to be built within its natural boundaries; and we are convinced that the European Great Powers will show their understanding and will rigorously respect these general principles.

The frontiers that we demand are these: following a demarcation line starting from the present frontier with the Kingdom of Montenegro and including all hinterlands, the towns of Peja, Mitrovica, Shkup until Metchova, plus the territory inside today's frontier as far south as Preveza. Demanding the demarcation of frontiers following this line, the Albanian nation expresses its wish to keep good and stable relations with its neighbors. Besides the ethnic, geographical and historical arguments supporting this rational solution of the frontiers issue, we feel obliged to add that any contingent truncation of the natural borders of Albania will only make its normal functioning impossible as the country will be unable to profit from its natural resources on the path of its development. And finally, the abovementioned regions are mainly inhabited by Albanian population.

The delimitation of the frontiers will be entrusted to a special mixed commission. This commission will act disinterestedly, and thus will calm the neighbors of the future Albanian state.

The Albanian nation has already proven its merits and its ability to make free judgment in political issues. It has always valued its national interests higher than the religious considerations that have been the source for so many problems and disputes among neighboring nations. The best proof is the traditionally respectful attitude to the Vlach people, which is rewarded today by the agreement with the Vlachs to live and work within the new Albanian state.

The Albanian nation is convinced that in resolving today's conflict, the Great Powers will take into consideration the demands presented in this memorandum and will not turn a blind eye to the pertinent claims of a nation that is small but worthy of a better future, a nation that has suffered in the past, but has always kept its faith in the future.

It is for this future that Albania wants the guaranties of the Great Powers, so that it can become a partner in cooperation and development and maintain a place among the civilized nations.

London, 2 January 1913.
Presented by the delegates of the Albanian Temporary Government

Rasih Dino

Mehmet Konica
Filip Noga

AUTHOR
Ismail Qemali

THE POLITICAL PROGRAM OF THE MOVEMENT FOR UNITED ALBANIA

1. The MOVEMENT FOR UNITED ALBANIA (M.U.A.) is a nationwide political and democratic movement, which has the ultimate objective the comprehensive solution of the Albanian national cause, and is committed to the physical unification of the Albanian lands into a single Albanian national state - United Albania.

2. The MOVEMENT FOR UNITED ALBANIA is voluntary union of individuals of Albanian nationality regardless of without regard of religion, idea, region, social class and political viewpoint, whom are united by their natural aspiration for national liberation and unification.

3. The MOVEMENT FOR UNITED ALBANIA believes that this is a historic opportunity for the Albanian nation to develop as a nation and to join in a single Albanian national state - United Albania.

4. The MOVEMENT FOR UNITED ALBANIA considers solution of the Albanian national question as an inevitable process that will end with the realization of the highest act; the unification of Albanian territories into a Albanian national state - United Albania.

5. The MOVEMENT FOR UNITED ALBANIA considers the Albanian people as the main factor for the overall solution of the Albanian national issue and that the external factor can serve the main factor (people), but will never act against its will.

6. The MOVEMENT FOR UNITED ALBANIA United considers that Albania should not be seen as a threat to its neighbors, but as an opportunity to ensure lasting peace and stability in the region of the Illyrian Peninsula.

7. The MOVEMENT FOR UNITED ALBANIA is committed to gender equality, social justice, security, economic prosperity, and provides strong support for the core of the existence of the Albanian society, the family and its economy.

8. The MOVEMENT FOR UNITED ALBANIA respects the principle of diversity; the more various ideas are disseminated within MUA, the richer it is political thought will be.

9. The MOVEMENT FOR UNITED ALBANIA shall treat with dignity its non-Albanian ethnic minorities with full reciprocity, in accordance with the treatment that will be given to Albanian nationals living in neighboring countries.

10. The MOVEMENT FOR UNITED ALBANIA believes in freedom of religion, the traditions and customs of the Albanian nation and religious tolerance under the thorough supervision of the state.

MAIN GOALS

MUA will be led in accordance with the principle "UNITED ALBANIA ABOVE ALL" and has the following goals:

1. The MOVEMENT FOR UNITED ALBANIA has the unification of Albanian territories into a single Albanian national state – United Albania, as the primary goal for the overall solution of the Albanian national question by a legal act of November 28th 1912.

2. Besides the main goal, a United Albania, and the duties that pertain to organizational span of control about the diffusion of its policies, MUA will be active in dealing with ordinary Albanian issues, yet always in accordance with and in line with the primary goal.

3. The MOVEMENT FOR UNITED ALBANIA aims the creation of a nationwide strategy of the entire political, national, and economic spectrum to fulfill the goal for a United Albania, as a primary goal for all political parties and national movements, without exception.

4. The MOVEMENT FOR UNITED ALBANIA aims the unification of the republics of Kosova and Albania, through a democratic referendum and an institutional state unification by utilizing peaceful means.

5. The MOVEMENT FOR UNITED ALBANIA seeks the unification of currently occupied Albanian territories within its natural boundaries, by using all methods and tools for realizing the national aspiration for national liberation and unification.

ORIENTATION POINTS

For the realization of the main goal, the unification of Albanian territories in a single national state - United Albania, The MOVEMENT FOR UNITED ALBANIA supported by the following subjects:

1. The Political Program of the Albanian League of Prizren of 1878.

2. The legal act of 28 November 1912 by the Assembly of Vlora, Albania whereby representatives of the four Albanian provinces

(vilayets), declared the independence of its natural, historical, and legitimate borders.

3. The Constitution of the Republic of Albania, which recognizes national unification as legitimate aspiration "with centuries-old aspiration of the Albanian people for national identity and unification".

4. The right of legitimate and inalienable rights of nations to live free and united, in accordance with the right of nations to self-determination and decolonization.

5. The oath of the Kosova Liberation Army (KLA), the Liberation Army of Presheva, Medvegja and Bujanovc (UÇPMB) and the National Liberation Army, which in the text of the oath of their fighters had sanctioned the liberation and unification of Albanian lands with the motherland - Albania.

6. The Universal Declaration of Human Rights

THE STATE, LAW AND ORDER

1. The MOVEMENT FOR UNITED ALBANIA is resolute with respect to the rule of law, where Albanians' national rights to self-determination is respected; a State in which justice and equal treatment of citizens before the law.

2. The MOVEMENT FOR UNITED ALBANIA estimates the rule of law as a key pillar for the safety of all citizens of the United Albania and the maintaining of territorial integrity.

3. The MOVEMENT FOR UNITED ALBANIA is committed to a professional army which will be defending the territorial integrity of United Albania.

4. The MOVEMENT FOR UNITED ALBANIA is dedicated to the construction and armament of the National Army, as one of the basic pillars to enable the realization of the main objective and overcoming current barriers that hinder and delay the realization of our national aspiration.

5. The MOVEMENT FOR UNITED ALBANIA is committed to recognizing the right of all Albanians for Albanian citizenship, regardless of the country of origin or residence.

6. The MOVEMENT FOR UNITED ALBANIA is devoted to the State's and civil society's uncompromising fight against corruption and organized crime.

7. The MOVEMENT FOR UNITED ALBANIA is faithful to the protection of the national identity in United Albania as well as in the diaspora.

8. The MOVEMENT FOR UNITED ALBANIA is steadfast regarding a powerful unified State with great economic potential.

WAYS AND MEANS

1. The MOVEMENT FOR UNITED ALBANIA will use all democratic ways and means for the realization of the national aspiration for national freedom and unification.

2. The MOVEMENT FOR UNITED ALBANIA respects and supports Western alliances, NATO, the United States, European Union bodies, as long as they do not collide with the main goal and the public and national interest of Albanians.

3. The MOVEMENT FOR UNITED ALBANIA envisions Albanians within the framework of their integration along with the free peoples of Europe: a united Albania in a United Europe.

4. The MOVEMENT FOR UNITED ALBANIA rejects the idea of unification (integration) of the Albanians in the European Union before the formation of the national state of Albanians - United Albania.

5. To achieve its political program, The MOVEMENT FOR UNITED ALBANIA will collaborate and cooperate with all Albanian national movements, Albanian state and political institutions, to support the primary aim of national unification.

EDUCATION, ECONOMY, CULTURE AND SPORTS

The MOVEMENT FOR UNITED ALBANIA will continuously work to revive the lost confidence of the Albanian people on institutions and will respect and strengthen the rule of law. United Albania will improve our current situation as a nation, in the economy, democracy, security, culture and sports.

1. The MOVEMENT FOR UNITED ALBANIA is intent on the idea of a national state and self-determination is inculcated to the future generations so that the Albanians' will and centuries-long aspiration for a United Albania is revived and realized.

2. The MOVEMENT FOR UNITED ALBANIA is determined for the unification and harmonization of the national education system at all levels.

3. The MOVEMENT FOR UNITED ALBANIA is committed to sustainable economic development through a nationwide productive economy, by offering protection to the countrywide market in the interest of the nation and by providing equal conditions for investment for all, with special relief for the Albanian diaspora.

4. The MOVEMENT FOR UNITED ALBANIA supports the equal participation of all Albanians regardless of their domicile, in the economic and political life of the Albanian lands.

5. The MOVEMENT FOR UNITED ALBANIA is committed to changing legislations that restrict and violate the sovereignty of Albania, including institutional reforms and territorial divisions based on ethnic grounds, and the international rule over United Albania.

6. The MOVEMENT FOR UNITED ALBANIA is committed to an overall emancipation of the Albanian political class and Albanian citizens in general, with genuine national values that derive from tradition, culture, traditions and customs that are

based on loyalty, humanism, transparency and the overall national interest.

7. The MOVEMENT FOR UNITED ALBANIA advocates for a nationwide sports league for all sports and strongly supports only Albanian national teams.

The Political Program of the Movement for United Albania, depending on the circumstances and political developments, and the decisions of the governing bodies of MUA may change, however the main goal for liberation and national unification into a single state can never be changed, until its full achievement and realization.

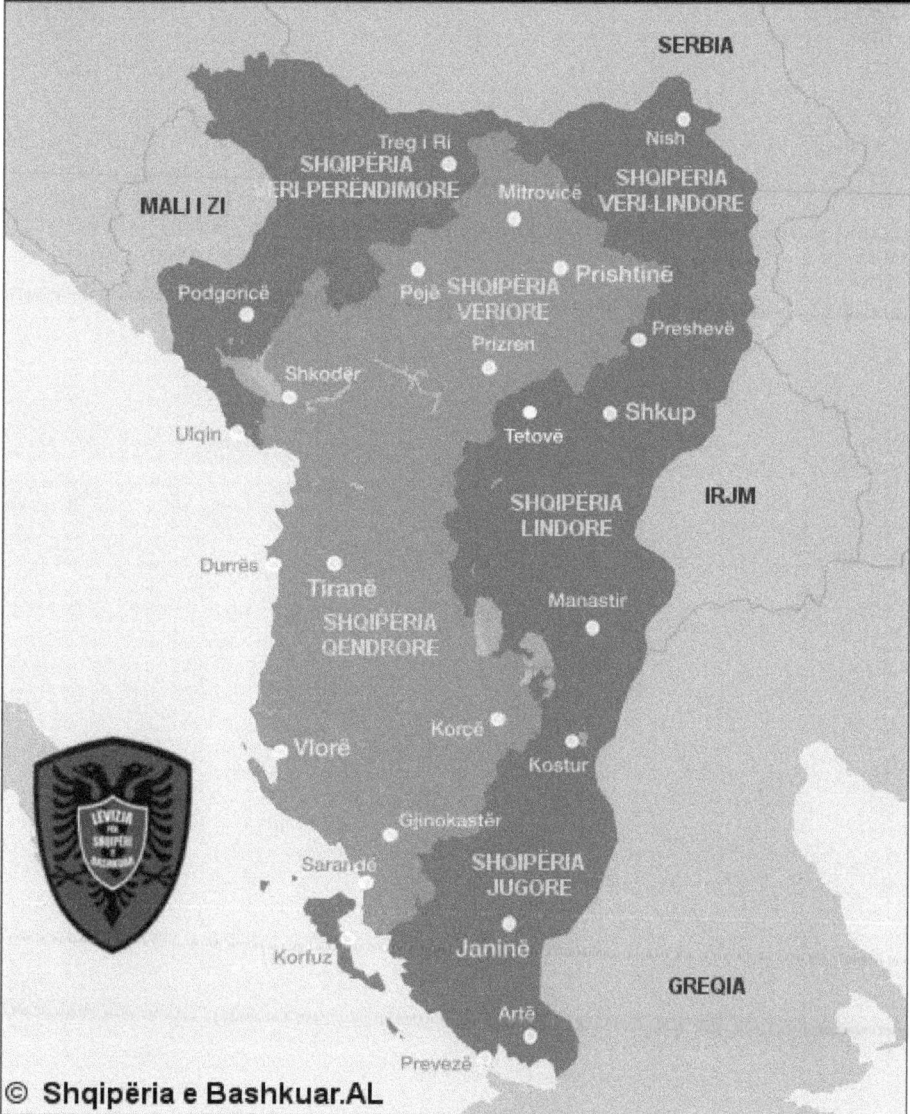

SHQIPËRIA E BASHKUAR

© Shqipëria e Bashkuar.AL